W0313098

hanser**blau**

ZIAUDDIN YOUSAFZAI
MIT LOUISE CARPENTER

LASST SIE FLIEGEN

Wie Malalas Vater seiner Tochter
ein selbstbestimmtes Leben ermöglichte

Mit einem Vorwort
der Friedensnobelpreisträgerin Malala

Aus dem Englischen von
Sybille Uplegger

hanserblau

Die englische Originalausgabe erschien 2018 unter dem Titel
Let Her Fly. A Father's Journey and the Fight for Equality
bei W H Allen & Co. in London.

1. Auflage 2019

ISBN 978-3-446-26262-1

Umschlag: Peter-Andreas Hassiepen, München
nach einem Entwurf von Penguin Random House UK
Motiv: © Antonio Olmos
Satz: Angelika Kudella, Köln
Druck und Bindung: Friedrich Pustet, Regensburg
Printed in Germany

FSC
www.fsc.org
MIX
Papier aus verantwortungsvollen Quellen
FSC® C014889

Für Oberst Dr. Muhammad Junaid und Dr. Mumtaz Ali,
die Malala nach ihrer Schussverletzung in Pakistan operierten.
Mit Gottes Hilfe retteten sie ihr das Leben.

VORWORT

von Malala Yousafzai

Ich schreibe dieses Vorwort in Dank an meinen Vater.

Mein Vater ist ein zutiefst liebender, mitfühlender und bescheidener Mensch. Er hat mich gelehrt, was Liebe ist, und zwar nicht nur mit Worten, sondern vor allem durch sein liebevolles und gütiges Handeln. Ich habe nie gesehen, dass er sich jemandem gegenüber abfällig oder ungerecht verhalten hätte. Für ihn war jeder Mensch gleich, egal ob Muslim oder Christ, hell- oder dunkelhäutig, arm oder reich, Mann oder Frau. Als Schulleiter, Aktivist und sozial engagierter Mensch war er immer warmherzig, respektvoll und hilfsbereit. Jeder liebte ihn. Er wurde zu meinem Idol.

Wir hatten nicht viel Geld, aber wir waren reich an Werten. Aba vertritt die Ansicht, dass Wohlstand weder Bedingung noch Garantie für ein glückliches Leben ist. Wir fühlten uns nie arm, obwohl ich mich sehr gut an Zeiten erinnern kann, in denen wir nicht genug Geld für Essen hatten. Wenn mein Vater mit seiner Schule doch mal etwas verdiente, gab er oft alles an einem Tag aus. Er kaufte Obst für die Familie, und für den Rest des Geldes besorgte meine Mutter alltägliche Dinge wie Möbel, Besteck, Kleidung und anderen Hausrat. Mein Vater fand Einkaufen langweilig – so langweilig, dass er oft nörgelte, wenn meine Mutter seiner Meinung nach mal wieder viel zu lange brauchte. Doch sie schimpfte ihn dann jedes Mal und sagte so etwas wie: »Wenn du diesen Anzug trägst, wirst du mir noch dankbar sein.«

Nichts freute ihn mehr, als wenn meine Brüder, meine Mutter und ich gesund und zufrieden waren. In seinen Augen hatten wir das, was im Leben am meisten zählt: Bildung, gegenseitigen Respekt und bedingungslose Liebe. Darin bestand unser Reichtum, das war unser Glück. Mehr brauchten wir nicht.

Seine Liebe zu mir war wie ein Schild. Er schirmte mich von allem Schlechten und Bösen ab, wodurch ich zu einem fröhlichen, selbstbewussten Kind heranwachsen konnte, obwohl wir in einer Gesellschaft lebten, die mir als Mädchen nicht gerade die besten Zukunftsaussichten bot. In unserem Zuhause wurden Frauen und Mädchen geachtet und wertgeschätzt, auch wenn sich diese Wertschätzung in der Welt außerhalb unserer vier Wände nicht widerspiegelte. Mein Vater schenkte mir einen Schutzschirm. Er verteidigte mich in einer Welt, die sich weigerte, mich als ebenbürtig anzuerkennen. Von Anfang an stellte er sich gegen alles, was meine Zukunft hätte bedrohen können. Ich hatte ein Recht auf Gleichbehandlung, und er sorgte dafür, dass man mir dieses Recht im Alltag eingestand.

Die Kultur gegenseitigen Respekts bei uns zu Hause, insbesondere des Respekts gegenüber Frauen, gründete sich auf Abas Überzeugung, dass man sein Leben voll auskosten und alle Chancen, die es einem bietet, ergreifen muss. Von ihm lernte ich, dass es wichtig ist, immer sein Bestes zu geben und ein guter Mensch zu sein, und dass man allen Leuten ungeachtet ihrer Herkunft mit Freundlichkeit und Respekt zu begegnen hat.

Mein Vater und ich waren von Beginn an Freunde und sind es heute noch. Das ist keine Selbstverständlichkeit, denn oft tut sich, wenn Töchter älter werden, zwischen ihnen und ihren Vätern eine Kluft auf. Früher habe ich Aba praktisch alles anvertraut, mehr noch als meiner Mutter. Ich klagte ihm sogar mein Leid, wenn ich Regelschmerzen hatte, oder bat ihn, mir Binden zu kaufen. Vor meiner Mutter hatte ich manchmal ein bisschen Angst, weil sie sehr streng sein konnte. Und wenn ich mich mit meinen Brüdern zankte – was praktisch jeden Tag vorkam –, dann schlug sich mein Vater immer auf meine Seite.

Im Grunde unterschied mich nichts von meinen pakistanischen Mitschülerinnen, von meinen Freundinnen aus der Nachbarschaft oder den vielen anderen Mädchen im Swat-Tal. Allerdings genoss ich den unschätzbaren Vorteil einer liebevollen, wertschätzenden Erziehung. Und damit meine ich nicht, dass mein Vater mir jeden Tag lange Vorträge gehalten oder kluge Ratschläge erteilt hätte. Er beeinflusste mich durch sein Verhalten, seinen Einsatz für gesellschaftlichen Wandel, seine Aufrichtigkeit, seine Offenheit, seine Visionen und überhaupt seine ganze Art. Zum Beispiel lobte er mich sehr oft. »Du lernst so fleißig, *Jani*«, sagte er andauernd. »Du drückst dich so gewählt aus.« *Jani* bedeutet »Liebste« oder »Seelengefährtin« und ist sein Kosename für mich. Er versäumte es nie, meine Bemühungen anzuerkennen und mir Mut zu machen, egal ob es um meine Schularbeiten, um Kunstprojekte oder Rhetorikwettbewerbe ging. Mein Vater war immer stolz auf mich. Er glaubte mehr an mich als ich selbst. Er gab mir das Vertrauen, alles schaffen zu können, wenn ich nur wollte.

Mein Vater kann sehr gut zuhören. Das ist eine Eigenschaft, die ich an ihm liebe. Die einzige Ausnahme ist, wenn er gerade vor seinem iPad sitzt und twittert. Dann muss man mindestens zehnmal »Aba!« rufen, bis er überhaupt reagiert. Er sagt zwar jedes Mal »Ja, *Jani*?«, doch in Wahrheit ist er mit den Gedanken ganz woanders. Aber wenn er zuhört, dann lauscht er aufmerksam jedem Wort und ist ganz zugewandt, vor allem bei Kindern. Auch von mir hat er sich immer bereitwillig alles erzählen lassen: meine kleinen Geschichten, meine Sorgen und Nöte und all meine Pläne. Durch meinen

Vater ist mir bewusst geworden, dass meine Stimme Gewicht hat. Das hat mich darin bestärkt, sie zu erheben, und hat mir Selbstvertrauen verliehen. Ich wusste, wie man eine gute Geschichte erzählt. Ich scheute mich nicht, meine Meinung zu sagen. Und als die Taliban kamen, hatte ich das Gefühl, die Macht meiner Stimme nutzen zu können, um für Bildung und für meine Rechte einzustehen.

Als ich älter wurde, erkannte ich, wie ungewöhnlich meine Eltern waren, denn die anderen Mädchen aus meiner Umgebung durften ab einem gewissen Alter nicht mehr zur Schule gehen oder sich an Orten aufhalten, die auch von Männern und Jungen besucht wurden. So viele Frauen und Mädchen werden zu Opfern einer Gesellschaft, in der Männer darüber bestimmen, wie Frauen zu leben und was sie zu tun haben. Ich kannte wundervolle, begabte junge Mädchen, die gezwungen wurden, ihre Ausbildung abzubrechen und damit ihre ganze Zukunft aufzugeben. Diese Mädchen hatten nie die Chance auf ein selbstbestimmtes Leben.

Ich selbst zählte nicht zu diesen Mädchen. Ich hielt Reden, wo sonst nur Jungs Reden hielten, auch wenn ich allenthalben die Männer sagen hörte: »Mädchen und Jungs gehören getrennt!« Einige meiner Klassenkameradinnen und Freundinnen durften nicht an solchen gemischten Debattierwettbewerben teilnehmen, weil ihre Väter oder Brüder es ihnen verboten. Mein Vater tat alles, um das zu ändern.

Ich erinnere mich noch, wie er oft mit seinen Freunden oder den Ältesten bei uns zu Hause im Gästezimmer saß. Die Männer unterhielten sich, ich brachte ihnen den Tee und setzte mich dann zu ihnen. Mein Vater sagte nie: »Malala, du weißt genau, dass wir hier eine politische Diskussion unter Erwachsenen führen.« Er erlaubte mir immer, dabeizubleiben und zuzuhören. Mehr noch: Er ermunterte mich sogar, vor den Männern meine eigene Meinung zu äußern.

Das ist deshalb so bedeutsam, weil ein Mädchen, das in einem Klima der Ungleichheit aufwächst, permanent gegen die Angst ankämpfen muss, dass die Träume, die es für sein Leben hegt, vielleicht nie in Erfüllung gehen werden. Für Millionen von Mädchen ist die Schule ein Ort, an dem sie sich sicherer fühlen können als in ihrem eigenen Zuhause. Zu Hause sagt man ihnen bloß, dass sie kochen und putzen und sich auf die Ehe vorbereiten sollen. Selbst für meine Eltern war die Schule eine Art Zuflucht, ein Schutzraum vor den Einschränkungen, die die Gesellschaft uns auferlegte. Während ich in der Schule war, bestand meine Welt nur aus meinen wunderbaren Lehrern und Lehrerinnen und unserem großartigen Schulleiter, und im Klassenraum war ich umgeben von Freundinnen, mit denen ich mich über das Lernen und über unsere Lebensträume austauschen konnte.

Es fällt mir schwer, in Worte zu fassen, wie viel es mir bedeutete, die Schule zu besuchen, die mein Vater gegründet hatte. Wenn ich lernte, konnte ich beinahe spüren, wie mein Gehirn dabei immer größer und größer wurde. Ich wusste, es waren die unzähligen neuen Informationen, die meinen Geist wachsen ließen, all die verschiedenen Dinge, die ich lernte, die meinen Kopf ausfüllten und meinen Horizont weiteten.

Mein Vater hat sich von damals zu heute kaum verändert. Er ist immer noch ein Idealist. Er ist nicht nur Lehrer, sondern auch Poet. Manchmal habe ich das Gefühl, dass er in einer romantisierten Welt lebt, in einer Welt voller Liebe für seine Freunde, seine Familie und überhaupt alle Menschen. Ich selbst mache mir nicht viel aus Poesie, aber seine Botschaft der Liebe verstehe ich sehr gut.

Oft geben Menschen, die in unserer Welt etwas bewegen wollen, zu früh auf, oder sie fangen gar nicht erst an. Sie sagen: »Ach, das ist so ein weites Feld. Was soll ich da schon machen? Wie kann ich als Einzelner etwas ausrichten?« Aber mein Vater hat immer an sich geglaubt und daran, dass er die Macht besitzt, Veränderungen herbeizuführen, mögen sie auch noch so bescheiden sein.

Er hat mir beigebracht, dass man, wenn man einem Einzelnen hilft, nicht das Gefühl haben darf, damit nur einen kleinen, unbedeutenden Beitrag geleistet zu haben. Auf dem Weg zählt am Ende jeder einzelne Schritt. Mein Vater bemisst Erfolg nicht nur danach, ob er ein bestimmtes Ziel erreicht hat oder nicht. Es liegt schon eine Schönheit darin, sich überhaupt erst auf die Reise zu machen, einen Weg zu beschreiten und auf diesem Weg Veränderungen anzustoßen.

Vielleicht wird mein Vater nicht die ganze Welt davon überzeugen können, dass Frauen denselben Respekt und dieselben Rechte verdient haben wie Männer, auch wenn er jeden Tag dafür kämpft. Aber mein Leben hat er ganz ohne Zweifel zum Besseren verändert. Er hat mir eine Zukunft geschenkt. Er hat mir meine Stimme gegeben, und er hat mich fliegen lassen!

Aba, wie soll ich dir nur jemals dafür danken?

PROLOG

Immer wieder stellen Menschen mir reinen Herzens die Frage: »Ziauddin, was war Ihr bisher stolzester Moment?« Wahrscheinlich rechnen sie mit einer Antwort wie: »Selbstverständlich war das, als Malala den Friedensnobelpreis bekam!« oder: »Als Malala zum ersten Mal in New York vor den Vereinten Nationen sprechen durfte« oder: »Als Malala bei der Queen zu Gast war.«

Malala wird auf der ganzen Welt geschätzt und verehrt, trotzdem ist es mir unmöglich, diese Frage zu beantworten, denn im Kern bezieht sie sich nicht auf Malala, mein Kind, sondern auf Malala, die öffentliche Person. Kann ich auf ihr Treffen mit der Queen stolzer sein als auf ihren Friedensnobelpreis? Wie sollte ich so etwas entscheiden?

Stattdessen antworte ich Folgendes: »Ich bin jeden Tag stolz auf Malala«, und das ist die reine Wahrheit. Meine Malala ist das Mädchen, das einen Großteil ihres Lebens auf eine einfache Schule in Mingora ging und dennoch stärker war als die Taliban. Aber sie ist eben auch meine Tochter, die mich am Frühstückstisch mit ihrem trockenen Humor – der viel bissiger ist als meiner – zum Lachen bringt.

Ich bin nie einem Kind begegnet, das so wissbegierig ist wie sie. Alle Welt mag denken: »Ach, Malala ist so unglaublich klug!«, aber wie jede andere Schülerin hat auch sie manchmal mit dem Unterrichtsstoff und ihren Hausaufgaben zu kämpfen. Wenn ein kalter englischer Tag in einen noch kälteren englischen Abend übergeht und wir Yousafzais, die es gewohnt sind, dass uns die Strahlen der Sonne fast die Haut versengen, die Kälte bis auf die Knochen spüren, sitzt Malala oft in ihrem Zimmer und brütet beim Schein ihrer Schreibtischlampe mit gerunzelter Stirn über einem Lehrbuch. Sie lernt – immerzu lernt sie und sorgt sich um ihre Noten.

Das Wunderbare an Malalas Leben – an ihrem »zweiten Leben«, wie ihre Mutter Tor Pekai es nennt, seit Gott sie nach dem Attentat gerettet hat – ist nicht nur, dass sie es dem Kampf für die Rechte aller Mädchen gewidmet hat, sondern auch, dass sie sich jetzt ihren eigenen Traum erfüllen kann. Für uns Eltern verbirgt sich mitunter in der scheinbar unbedeutendsten Kleinigkeit – einem tiefen Blick, einer Geste, einer unschuldigen und zugleich weisen Bemerkung – ein Moment wahrer Schönheit, und man fragt sich, ganz ergriffen von Liebe und Glück und Staunen: »Wie kann es sein, dass dieser außergewöhnliche Mensch mein Kind ist?«

Wenn ich also unbedingt eine Antwort auf die Frage geben soll, was mein bisher stolzester Moment als Malalas Vater war, dann würde ich wohl sagen: Er hatte mit der Universität Oxford zu tun und mit der Zubereitung und dem Servieren einer einfachen Tasse Tee.

Seit wir in Großbritannien leben, hatte Malala immer wieder die klare Absicht geäußert, an der Universität Oxford Politikwissenschaften, Philosophie und Volkswirtschaft zu studieren – dieselbe Fächerkombination, für die sich einst Benazir Bhutto einschrieb, bevor sie später die erste Premierministerin unseres Landes Pakistan wurde.

Oxford war kein unbekanntes Terrain für Malala. Die Universität ist auf der ganzen Welt berühmt, und nachdem wir uns in Birmingham niedergelassen hatten, war sie im Zuge ihrer Kampagne bereits drei- oder viermal dort hingereist. Ich hatte sie jedes Mal begleitet. Inzwischen war sie alt genug, um auf sich selbst aufzupassen. Sie brauchte mich nicht mehr, damit ich ihre farbenfrohen *shalwar kameez** und die Kopftücher bügelte, die ihre Mutter für sie ausgesucht hatte, und ich musste ihr auch nicht länger die Schuhe putzen, so wie ich es früher immer getan hatte, wenn wir im Rahmen unseres Engagements für Mädchenbildung gemeinsam durch Pakistan gereist waren.

Ich habe diese häuslichen Pflichten immer sehr gerne für sie erfüllt, und jetzt, wo Malala selbstständig ist, fehlt mir etwas. Warum es mir so wichtig war, ihr diese alltäglichen Arbeiten abzunehmen? Weil dies für mich eine Möglichkeit darstellte, meine Liebe und Wertschätzung für meine Tochter und alle Frauen zum Ausdruck zu bringen. Ein ganz ähnlicher Gedanke hatte mich kurz nach ihrer Geburt – der Geburt meines wunderbaren Mädchens – dazu veranlasst, ihren Namen in unseren uralten Familienstammbaum einzutragen. Es war der erste weibliche Name seit dreihundert Jahren. Ich wollte der Welt – und auch mir selbst – zeigen, dass Mädchen genauso viel wert sind wie Jungen, und dies wollte ich nicht nur mit Worten tun, sondern auch mit Taten. Mädchen sind wichtig. Ihre Bedürfnisse sind wichtig, selbst wenn es einmal bescheidene Bedürfnisse sind wie das nach einem sauberen Paar Schuhe.

Mir ist natürlich bewusst, dass in vielen anderen Kulturen Mütter und Väter solche kleinen Alltagsdienste mit größter Selbstverständlichkeit verrichten, unabhängig vom Geschlecht ihres Kindes. Doch für mich, einen Mann mittleren Alters aus einem pat-

* Traditionelle Kleidung Pakistans. Sie besteht aus einem etwa knielangen Hemd *(kameez)*, einer weiten Hose *(shalwar)* und dem *dupatta*, einem schalähnlichen Schleier.

riarchalisch geprägten Umfeld in Pakistan, war es bis dorthin ein langer Weg.

Ich stamme aus einem Land, in dem ich mein ganzes Leben lang von Frauen bedient wurde. Ich komme aus einer Familie, in der ich allein aufgrund meines Geschlechts eine bevorzugte Stellung einnahm. Aber ich wollte nicht bevorzugt werden – jedenfalls nicht aus diesem Grund.

Während meiner Kindheit in Shangla war es üblich, dass den Männern und Jungen im Laufe eines langen, heißen Tages immer wieder Erfrischungen gereicht wurden. Sie wurden eigens für uns zubereitet, serviert und dann wieder abgeräumt, ohne dass wir einen Finger rühren oder auch nur mit dem Kopf nicken mussten. Es war ein Ritual, dessen tiefe, weit verzweigte Wurzeln durch mehrere Jahrhunderte patriarchaler Strukturen zurückreichten. Es geschah völlig unbewusst, unhinterfragt, als wäre es das Natürlichste von der Welt.

Ich habe nicht ein einziges Mal erlebt, dass mein Vater oder mein Bruder in unserem einfachen, aus Lehm gebauten Haus auch nur in die Nähe des Herdes gekommen wären. Auch ich hielt mich als Kind von der Küche fern. Ein Mann kochte nicht. Als Kind war das für mich eine unumstößliche Wahrheit, an der ich keinen Moment lang zweifelte.

Der Duft köchelnden Currys war für mich untrennbar mit den Stimmen meiner Mutter und meiner Schwestern verknüpft, die sich angeregt und in hoher Geschwindigkeit unterhielten, während sie Zutaten hackten, schnitten und würfelten. Sie wussten, dass sie von den saftigsten Teilen des Hühnchens, das sie mit ihren eigenen Händen zubereiteten, nichts abbekommen würden. Die guten Stücke wie Beine und Brust waren mir – ihrem kleinen Bruder, einem Kind –, meinem älteren Bruder sowie unserem Vater vorbehalten. Die fleißigen Köchinnen selbst, erhitzt vom Herdfeuer, vom Dampf der Speisen und der körperlichen Arbeit, mussten sich mit den knochigen Teilen begnügen.

Ihr Diensteifer und ihre Bereitwilligkeit, stets für unser Wohlbefinden zu sorgen, kamen auch in dem Tee zum Ausdruck, den sie regelmäßig für uns kochten und dessen Zubereitung und Einnahme den Rhythmus unseres Tages zu einem wesentlichen Teil mitbestimmten. Meiner Meinung nach ist der Tee, so wie wir ihn in Pakistan trinken, der köstlichste Tee auf der ganzen Welt. Er schmeckt heiß und süß und milchig, und da ich nun in Großbritannien lebe, kann ich sagen, dass er nichts mit dem weltberühmten englischen Tee gemein hat, den ich zugegebenermaßen nicht herunterbekomme.

Wie so viele Elemente meiner alten Welt ist auch der Tee in Pakistan das Ergebnis eines Rituals. Zunächst einmal muss der Kessel blitzsauber sein und darf keinerlei Rückstände von der letzten Teezubereitung enthalten. Bei den Teeblättern ist eine gute Qualität unerlässlich. Der Kessel wird mit Wasser gefüllt, das zusammen mit den Teeblättern erhitzt wird. Wenn es heftig sprudelt, fügt man erst Milch und danach Zucker hinzu, ehe das Ganze noch einmal aufgekocht wird. Dann nimmt die Frau eine Schöpfkelle, taucht sie in den Kessel, hebt sie heraus und gießt den Tee von der Kelle wieder in den Kessel zurück. Bis heute weiß ich nicht, welchem Zweck dieser Arbeitsschritt dient, aber die Frauen bei mir zu Hause bereiteten den Tee immer auf diese Weise zu, und er ist heiß und süß und einfach himmlisch. Es gibt auch noch eine stärkere Variante, *doodh pati* genannt, für die kein Wasser verwendet wird, sondern ausschließlich Milch in entsprechend größerer Menge. Sie wird zum Kochen gebracht, dann werden Teeblätter und Zucker eingerührt, und das Ganze wird gekocht und weitergekocht, bis der Tee so dick ist wie flüssiger Honig.

Wir Männer haben diesen köstlichen Tee nie eigenhändig zubereitet, wir haben ihn immer nur getrunken. Eine meiner frühesten Erinnerungen ist, wie ich als kleiner Junge in unserem bescheidenen Wohnzimmer saß und mein Vater, von mehreren Kissen gestützt, neben mir auf einer Liege lag. Meine Mutter kam mit einem Tablett herein, auf dem ein Topf und zwei Tassen standen. Mein Vater sah nicht von dem Buch auf, in dem er gerade las, wahrscheinlich ein dicker Band mit *hadithen,* überlieferten Aussprüchen unseres Propheten Mohammed (Heil sei über ihm). Meine Mutter rückte einen Tisch zurecht, stellte das Tablett darauf ab und goss den Tee in eine Tasse, die sie meinem Vater reichte. Als Nächstes goss sie mir, ihrem jüngsten, über alles geliebten Sohn, eine zweite Tasse ein. Dann wartete sie.

Sie wartete, weil sie sich vergewissern wollte, dass mein Vater und ich genug getrunken hatten, erst danach gönnte sie sich selbst eine Erfrischung. Manchmal bedankte sich mein Vater bei ihr, jedoch nicht immer.

»Man kann die Qualität des Tees, der einem serviert wird, in drei Schritten beurteilen«, erklärte er mir. »Als Erstes muss man die Konsistenz prüfen, indem man ganz genau hinsieht, während der Tee aus dem Kessel in die Tasse gegossen wird. Danach musst du dir die Farbe des Tees in der Tasse anschauen. Und der letzte und wichtigste Test«, schloss er, »kommt, wenn du den Tee an die Lippen setzt.«

Viele Jahre lang mussten mein Vater, meine Onkel und ich, wenn wir eine Tasse Tee genießen wollten, nichts weiter tun, als sie zu nehmen und zum Mund zu führen. Hätte meinem Vater der Tee nicht geschmeckt, wäre er nicht in der Lage gewesen, sich selbst welchen zu kochen. Das wäre auch gar nicht nötig gewesen, denn er hätte einfach meine Mutter oder meine Schwestern gebeten, zurück in die Küche zu gehen und neuen aufzubrühen. Aber dazu kam es fast nie, denn meine Mutter wusste genau, wie sie meinen

Vater zufriedenstellte. Schließlich war es ihr Lebensinhalt, ihm zu dienen.

Malala hat nie Lampenfieber, wenn sie einen öffentlichen Auftritt absolviert und vor vielen Menschen sprechen muss. Sie kennt praktisch keine Nervosität und lässt sich im Gegensatz zu mir auch nicht so leicht von ihren Emotionen überwältigen – außer in Gegenwart ihrer Lehrer oder Lehrerinnen. Ich habe miterlebt, wie sie mit fast übermenschlicher Gelassenheit die Oberhäupter des Commonwealth ansprach, aber wenn sie an der Edgbaston High School, an der sie ihren Abschluss gemacht hat, während des Elternsprechtags neben mir saß, stieg ihr jedes Mal eine leichte, kaum wahrnehmbare Röte in die Wangen.

Dieselbe Röte zeigte sich auch im August 2017, als vier unserer insgesamt fünf Familienmitglieder nach Oxford gekommen waren, um die Lady Margaret Hall, Malalas zukünftiges College, zu besichtigen. Wir waren überglücklich und aufgeregt, denn kurz zuvor hatten wir die Nachricht erhalten, dass Malala die erforderlichen Noten erreicht hatte, um ihr Studium an der Universität Oxford zu beginnen.

Malala war nervös, das sah ich ihr an. Für Tor Pekai, Khushal und mich war es das erste Mal, dass wir die Lady Margaret Hall mit ihrer imposanten Fassade aus rotem Backstein und den unzähligen Reihen von Bogenfenstern zu Gesicht bekamen. Die Schönheit von Oxford erfüllt mich jedes Mal aufs Neue mit ehrfürchtigem Staunen. Nichts hatte uns auf diesen Moment vorbereitet, weder unsere vorherigen Besuche noch Malalas Posten als Sprecherin der Schülermitverwaltung. An diesem Tag war sie einfach nur eine Studentin, und ich war einfach nur ihr Vater.

Zwei Studenten nahmen uns mit auf einen Rundgang, den Tor Pekai und ich sehr genossen. Die Bibliothek des Colleges war riesig, und in den hohen Regalen standen Bücher über Bücher, deren schiere Zahl allein mich überwältigte. Als Lehrer habe ich achtzehn Jahre meines Lebens dem Lernen und Unterrichten gewidmet, wie hätte mich da der Anblick so vieler Bücher nicht berühren sollen? Die Taliban hatten in meiner Heimat Hunderte von Schulen mitsamt aller Lehrwerke darin verbrannt und Mädchen vom Schulbesuch ausgeschlossen. Sie hatten mein Leben bedroht und dem Leben meiner Tochter mit Kugeln fast ein Ende gesetzt, nur weil sie ein Mädchen war, das lernen und lesen wollte. Und jetzt waren wir hier; es war Gottes Plan: Der Mensch denkt, Gott lenkt. Malala hatte nicht nur den Anschlag überlebt, der auf sie verübt worden war, weil sie für das Recht auf Bildung eintrat. Sie bewies darüber hinaus auch die Zähigkeit, wieder ganz gesund zu werden und weiter zu lernen, sodass sie es nun sogar bis nach Oxford geschafft hatte. Ich bin ein emotionaler Mensch. Miterleben zu dürfen, dass meine Tochter sich nun ihren lang gehegten Traum von einem Studium erfüllte, war unbeschreiblich bewegend. Trotzdem sagte ich mir: »Ziauddin, halte deine Tränen noch ein Weilchen zurück.«

Nach dem Rundgang führte uns der Rektor des Colleges in einen großen Saal mit hoher Decke. Hier gab es viel Luft und Raum zum Lernen, und es fiel mir nicht schwer, mir vorzustellen, wie sich der Horizont der jungen Menschen in diesen vier Wänden weitete. Auf Sesseln und Sofas saßen die Leute in kleinen Gruppen zusammen und unterhielten sich gedämpft. Der Leitspruch der Lady Margaret Hall lautet *Souvent me Souviens*: »Ich denke oft daran.«*

* Ursprünglich das Motto des Adelsgeschlechts der Beauforts (das College ist nach Lady Margaret Beaufort benannt); das Motto beinhaltet eine dreifache Bedeutung: »Ich erinnere mich oft«, »Denke oft an mich« und – wenngleich nur im gesprochenen Französisch – »Ich gehe oft darunter hindurch«.

Ich sah, wie der Rektor den Raum durchquerte und zum Teeautomaten trat. Was mein Vater wohl zu einer solchen Erfindung gesagt hätte? Der Rektor nahm eine Tasse und einen Teebeutel aus einem Behälter, legte den Teebeutel in die Tasse und stellte diese dann unter den Automaten, woraufhin sie sich mit heißem Wasser füllte. Nach wenigen Sekunden nahm er die Tasse wieder heraus, stellte sie auf einen Unterteller und gab ein wenig Milch hinein. Nachdem er den Tee umgerührt und den Teebeutel entsorgt hatte, machte er sich auf den Rückweg durch den Saal. Es gab unter den Anwesenden viele, die noch keine Teetasse in der Hand hielten, doch der Rektor ging immer weiter, bis er bei uns angelangt war, wo er die Tasse schließlich Malala reichte.

Souvent me Souviens. Erst da begann ich zu weinen.

Wenn Sie mich nun also fragen: »Ziauddin, was war Ihr stolzester Moment?«, dann sage ich Ihnen: Es war der Moment, in dem der Rektor der Lady Margaret Hall – ein Mann – Malala eine Tasse Tee servierte, die er zuvor eigenhändig zubereitet hatte. Der Vorgang hatte etwas so Selbstverständliches, so vollkommen Alltägliches, und gerade das machte ihn für mich schöner und symbolträchtiger als jede Audienz, die Malala bislang gehabt hatte, sei es bei einem König, einer Königin oder einem Präsidenten. Diese Tasse Tee war ein Beweis für etwas, woran ich zeit meines Lebens geglaubt habe: Wenn man sich für Veränderung starkmacht, dann wird diese Veränderung auch kommen.

Die besagte Tasse Tee wurde auf eine westliche Art zubereitet, die uns vollkommen fremd ist. Mein Vater hätte sich geweigert, einen solchen Tee auch nur anzurühren. Er hätte ihn zurückgewiesen, und sofort wäre ein weibliches Mitglied seiner Familie gekommen, um die Tasse wieder mitzunehmen, voller Scham, ihn enttäuscht zu haben. Aber dieser Moment war auch deshalb so kostbar für mich, weil mein Vater, wäre er mit uns in diesem hohen, prächtigen Saal gewesen, die Tasse gar nicht hätte ablehnen können, denn sie war nicht für ihn bestimmt. Sie wäre auf dem Weg zu seiner Enkeltochter an ihm vorübergegangen.

Als Kind glaubte ich all die patriarchalen Vorstellungen der Gesellschaft, in der ich lebte. Erst in meiner Jugendzeit begann ich das, was ich bisher als selbstverständlich betrachtet hatte, zu hinterfragen. Mein Leben war wie eine Suche nach etwas anderem, etwas Neuem, und als ich es gefunden hatte, musste ich mich erst von Grund auf damit vertraut machen. Was genau war es, wonach ich mich schon lange vor Malalas Geburt sehnte? Das ich nicht nur für sie anstrebte, sondern auch für meine Frau, für meine Schülerinnen und letztendlich für alle Mädchen und Frauen auf Gottes Erde? Anfangs bezeichnete ich es noch nicht als Feminismus. Das ist ein nützlicher Begriff, den ich erst später im Westen lernen würde. Damals wusste ich noch nichts davon. Mehr als vierzig Jahre lang hatte ich keine Ahnung, was Feminismus bedeutet. Als man es mir schließlich erklärte, sagte ich: »Ach, dann bin ich ja schon fast mein ganzes Leben lang Feminist, praktisch von Anfang an!« Als ich noch in Pakistan lebte, hatte ich eher den Eindruck, dass es Liebe, Anstand und reine Mitmenschlichkeit waren, die bei mir ein Umdenken in Gang gesetzt hatten. Ich wünschte mir – und ich wünsche es mir immer noch –, dass Mädchen in einer Welt leben können, die ihnen mit Liebe begegnet und sie mit offenen Armen willkommen heißt. Ich wollte und will das Ende des Patriarchats, eines von Menschen gemachten Ideensystems, dessen Macht auf der Erzeugung von Angst beruht, das Unterdrückung und Hass als Lehrsätze einer Religion verkleidet und das im Herzen blind ist für die Schönheit, an der wir alle teilhaben könnten, wenn wir nur in einer Gesellschaft leben würden, in der echte Gleichheit herrscht.

Das ist der Grund, weshalb mir etwas so Banales wie eine Tasse

Tee die Tränen in die Augen trieb. Sie symbolisierte das Ende eines Kampfes, den ich zwei Jahrzehnte lang geführt hatte – den Kampf um Gleichberechtigung für Malala. Malala ist mittlerweile erfahren und mutig genug, um für sich selbst einzustehen. Aber der Kampf für all die anderen Mädchen auf der Welt ist noch längst nicht vorbei. Jedes Mädchen, jede Frau verdient denselben Respekt, den die Welt einem Mann ganz selbstverständlich entgegenbringt. Jedes Mädchen auf der Welt, sei es in Pakistan, Nigeria, Indien, in den USA oder Großbritannien, sollte an seiner Lehranstalt eine Tasse Tee gereicht bekommen, sowohl wegen des Tees an sich als auch aufgrund der Symbolkraft dieser Geste.

Ich empfinde eine tiefe Liebe und großes Glück, wenn ich sehe, dass meine Tochter wahrhaft gleichberechtigt ist. Doch diesen Weg zu gehen fällt uns, die wir in patriarchalen Gesellschaften aufgewachsen sind, nicht immer leicht. Um diese neue Sichtweise zu erlernen, musste ich zunächst die alte abschütteln, und der erste Gegner, mit dem ich mich dabei konfrontiert sah, war gefährlicher als ein alter, mit Schild und Dolch bewaffneter Paschtunen-Krieger. Ich war es selbst, der alte Ziauddin, der mir ins Ohr flüsterte: »Wo willst du denn hin? Sei doch nicht dumm. Es ist kalt und einsam auf deinem Weg. Kehr um! Alles, was du für dein Wohlbefinden brauchst, liegt hinter dir, dort, wo du herkommst.«

Es war eine schwere Reise, die manches Opfer gefordert hat; um ein Haar hätte ich dabei den Menschen verloren, um dessentwillen ich den Kampf überhaupt erst aufgenommen hatte. Aber Malala lebt und kann weiter lernen. Ich lebe, ihre Mutter lebt, ihre Brüder leben, und auf unsere eigene Weise lernen wir alle: Malala, ihre Brüder und ihre Mutter Tor Pekai aus Büchern. Ich für meinen Teil hoffe, weiterhin vom Leben selbst zu lernen, mit all seinen Belohnungen und Enttäuschungen, seinem Glück und seinen unzähligen Herausforderungen.

Ich habe dieses Buch für all jene Frauen, Mädchen, Männer und Jungen auf der Welt geschrieben, die couragiert genug sind, um sich für Gleichberechtigung starkzumachen, so wie unsere Familie es tut. Ich hoffe, es kann ihnen eine Hilfe und Ermutigung sein.

Denn erst wenn ein Mädchen wie Malala, ein einfaches Mädchen aus den Bergen, vom Rektor eines Colleges eine Tasse Tee serviert bekommt; erst wenn es ihr durch gute Schulbildung gelingt, eines Tages selbst Rektorin zu werden – erst dann wird unser Werk vollendet sein.

VATER

Unser Herbsthaus

Als ich kaum alt genug war, um mit einem selbst gemachten Bambusstift und Tinte aus einer Zink-Kohle-Batterie meinen Namen zu schreiben, trat meine Mutter eines Morgens in aller Frühe leise an mein Bett. Sie war voller Hoffnung und Entschlossenheit. »Ziauddin«, flüsterte sie. »Wach auf!« Neben mir im Zimmer unseres Lehmhauses schliefen dicht an dicht meine Schwestern.

»Beybey?«, murmelte ich. Das war unser Wort für Mama. »Ziauddin, wach auf!«, wiederholte sie. »Wir machen eine Wanderung.« Ich sah, dass sie bereits ihren dicken grauen *paroonay** trug. »Mit *school kaka*?«, fragte ich verschlafen und meinte damit meinen Vater. »Mit *school kaka*?«, fragte ich gleich noch einmal. »Nein«, antwortete sie, »nicht mit *school kaka*. Dein Vater ist gerade beim Gebet, wie jeden Morgen, und danach unterrichtet er in der Schule. Fazli Hakeem, der Vetter deines Vaters, wird uns begleiten. Wir steigen auf den Berg Shalmano. Du musst stark sein und gut durchhalten, es ist ein weiter Weg bis zum Gipfel, aber ich verspreche dir, die Mühe wird sich lohnen. Dort oben gibt es nämlich etwas, das dir dabei helfen wird, deine Träume zu verwirklichen.«

Ich war mir nicht ganz sicher, wovon ich träumte, wusste jedoch, dass meine Eltern große Träume für mich hegten – und zwar nur für mich, für keinen sonst in der Familie. Wenn Beybey und

* Eine paschtunische, regionale Form des Kopftuchs

school kaka also glaubten, dass es wichtig war, dafür auf den Berg zu steigen, dann würde ich das natürlich tun.

In Barkana, unserem Dorf mitten in der Provinz Shangla im Norden Pakistans, krähten allmorgendlich die Hähne vor unserem Haus, und auf der eine Meile entfernt gelegenen Weide regten sich unsere zwei Büffel in Erwartung des Futtereimers, den mein Bruder ihnen bald bringen würde. Seine wichtigste Rolle bestand darin, für die beiden Tiere zu sorgen, damit sie groß und fett wurden, und auf diese Weise die Familie zu unterstützen. Er schien damit zufrieden, sich um die zwei wertvollen Bullenkühe zu kümmern, und strebte dasselbe einfache Leben an wie unser Vater. »Wenn ein Mann glücklich ist, gebiert seine Frau ihm Söhne, und seine Büffelkuh wirft weibliche Kälber«, pflegte mein Vater zu sagen. Das zu hören war für meine arme Mutter besonders schlimm. In unserem kleinen Lehmhaus lebten wir zu neunt in zwei Zimmern. Mein Bruder zog später mit seiner Braut in einen Anbau. Die Büffelkühe, für deren Pflege er verantwortlich war, warfen nicht jedes Jahr weibliche Kälber. Mein Vater verzeichnete akribisch alle Nachkommen in einem Heft, das er zusammen mit seinen Tagebüchern und Notizen auf einem Regal im Haus aufbewahrte.

Meine Mutter schenkte meinem Vater insgesamt sieben Kinder, aber nur zweimal brachte sie einen begehrten Sohn zur Welt – erst meinen älteren Bruder und dann mich. Zwischen uns gebar sie drei Töchter und nach mir noch einmal zwei. Ihre Namen lauten Hameeda Bano, Namja Bibi, Bakhti Mahal, Gul Raina und Naseem Akhtar. Ich nenne sie hier, weil ich während meiner gesamten Kindheit ihre Namen nicht ein einziges Mal irgendwo geschrieben sah. Sie wurden ausschließlich in ihrer Beziehung zu Männern erwähnt: als die Töchter meines Vaters oder die Schwestern von Ziauddin und Saeed Ramzan. Nie wurden sie als eigenständige Personen genannt. Dasselbe gilt für meine Mutter, die stets nur die Frau des Rohul Amin, Mutter des Ziauddin oder des Saeed Ramzam war.

Der Umstand, dass es in unserer Familie so viele Frauen gab, wurde durch die zahlreichen Söhne der Familie im Nachbarhaus noch verschlimmert.

Es war ein Lehmhaus mit Flachdach, genau wie das unsrige, und darin wohnte die Familie meines Onkels mit unseren Vettern und Cousinen. Die miteinander verbundenen Dächer bildeten eine Art Spielplatz, *chum* genannt, wo wir Kinder, Jungen wie Mädchen, gemeinsam herumtobten, lachten und mit Murmeln spielten. Meine Spielkameradinnen waren Mädchen aus Barkana, sorgenfrei und ausgelassen, weil sie noch nicht alt genug waren, um durch ihr Verhalten Schande über ihre Familie zu bringen oder ihre Ehre aufs Spiel zu setzen. Zum Spaß verhüllten sich diese Mädchen manchmal mit den Tüchern ihrer Mütter oder großen Schwestern. Sie bedeckten ihre kleinen Nasen und weichen, runden Wangen, bis man nur noch ihre Augen sah. Sie wollten so sein wie ihre weiblichen Vorbilder. Sobald sie zwölf oder dreizehn waren, wurde der Schleier für sie zur Pflicht, und weil es fortan ihre Reinheit zu schützen galt, verschwanden sie vom Spielplatz auf dem Dach und von den Straßen, wo sie einst unbeschwert von Haus zu Haus gelaufen waren. Fortan spielte sich ihr Leben in *purdah** zwischen vier lehmigen Wänden ab. Meine ehemaligen Freundinnen und jüngeren Schwestern, die früher mit mir auf dem Dach gespielt hatten, hörten nun nur noch das Trampeln der Kinderfüße über ihren Köpfen, eine ständige Erinnerung an vergangene Freiheit. Währenddessen spielten die Jungen und ich weiter Kricket. Je älter ich wurde, desto mehr Mädchen verschwanden, eins nach dem anderen, wie helle Sterne,

* Die Bezeichnung für die Abschirmung der Frau; damit kann sowohl die Verschleierung als auch die räumliche Abschottung gemeint sein.

die vom Himmel fallen, und ich fragte nie nach dem Warum. Sie lebten irgendwo unter meinen Füßen im Verborgenen, kochten und plauderten. Noch ein paar Jahre, dann wären sie verheiratet und schwanger oder mindestens von der ständigen Angst erfüllt, bald in die Ehe gegeben zu werden.

Meine Mutter hielt die Lehmwände unseres Hauses sorgfältig in Ordnung. Einmal im Jahr trug sie eine frische Schicht Lehm auf und glättete sie mit so viel Stolz und Hingabe wie jemand, der die schönsten Wände im prächtigsten Palast streicht. Doch alle Sorgfalt bei der Instandhaltung der Wände, zwischen denen sie und meine Schwestern gefangen waren, konnte nicht verhindern, dass das Glück meines Onkels von nebenan zu uns durchsickerte. Während ich einen Vetter nach dem anderen bekam und die Frauen des Dorfes sich jedes Mal um meine Tante scharten, um sie zu beglückwünschen, wurde die Enttäuschung meines Vaters über das Pech, so viele Töchter in die Welt gesetzt zu haben, größer und größer. »Warum ist in ihrem Haus immer Frühling und bei uns immer Herbst?«, wollte er wissen.

Wir Paschtunen sind ein kriegerisches Volk. Wenn ein Mann Söhne hat, dann hat er eine Streitmacht. Auseinandersetzungen – die normalerweise mit Worten geführt wurden – und Fehden waren früher an der Tagesordnung. Wenn ein Mann gegen seinen Bruder kämpfte, so stritten auch ihre Söhne. Bekriegte ein Onkel den anderen, stand es zugleich Vetter gegen Vetter. Mein Bruder und ich machten als Armee nicht viel her, und meine Schwestern hatten, was das anging, überhaupt keinen Wert. Es gab einige Dinge, von denen mein Vater schlechte Laune bekam. Neid war eins davon.

»Du wirst im Leben nie glücklich sein«, sagte meine Mutter einmal, woraufhin wir sie alle mit vor Staunen offenem Mund anstarrten. »Selbst wenn du im Paradies stehst, wirst du noch behaupten: ›Oh, aber das Paradies nebenan ist viel schöner.‹«

Mein Vater beklagte sich regelmäßig über das Glück seines Bruders. Noch Jahre später, als ich mein Zuhause sowohl geistig als auch räumlich längst hinter mir gelassen hatte, sagte er einmal zu mir: »Wieso besitzt mein Neffe ein Auto? Wieso besitzen meine Söhne keine Autos? Wieso haben mich meine beiden Jungen nur so bitter enttäuscht?« Damals gab es seit einiger Zeit die ersten Autos in unserem Dorf, allerdings hatte mein Vater zuvor noch nie sein Missfallen darüber geäußert. Ich – zu jenem Zeitpunkt lange erwachsen – antwortete ihm: »*School kaka,* freu dich doch. Jetzt musst du nie mehr nach Hause laufen. Wenn dein Neffe dich auf der Straße sieht, ist er verpflichtet, anzuhalten und dich einsteigen zu lassen. Du musst nie wieder zu Fuß gehen, weil du als der Ältere ein Recht darauf hast, mitgenommen zu werden.« Ich versuchte ihm aufzuzeigen, dass das Glück seines Neffen durchaus auch für ihn Vorteile hatte. Doch es war nur ein schwacher Trost. Er wollte nicht im Auto seines Neffen mitgenommen werden.

Ich konnte diesen ständigen Neid kaum ertragen. Wie ich ihn hasste! Er zerfraß jedes Gefühl von Liebe und Zufriedenheit. Doch sosehr ich auch unter diesem Kleinkrieg und den ständigen Eifersüchteleien litt, sie waren nichts im Vergleich zu dem Unrecht, das meinen Schwestern tagtäglich widerfuhr.

Innerhalb meiner Familie nahm ich eine Sonderstellung ein. Schon als ich noch recht klein war, sprachen meine Eltern von mir, als sei ich etwas Besonderes – ein Kind, das ihren relativ niedrigen gesellschaftlichen Status überwinden und Erwartungen erfüllen würde, die sie an meinen älteren Bruder, geschweige denn an meine Schwestern, niemals gestellt hätten. Sie glaubten in mir einen Funken wahrgenommen zu haben, der die Möglichkeit eines besseren Lebens, den Aufstieg in eine höhere Klasse in Aussicht stellte. Die Leiter, die ich für diesen Aufstieg benötigen würde, war Schulbildung. Hätten sie bei meinen Schwestern nach diesem Funken gesucht, wären sie bestimmt auch fündig geworden. Doch sie suchten nicht danach.

Ich verstehe, was mit diesem Funken gemeint ist, denn ich habe dasselbe bei Malala gesehen, als sie noch ein Säugling war. Es ist eine Eigenschaft, die das Kind von anderen Kindern abhebt – vielleicht eine besondere Intensität. In jedem Fall aber muss es ein Kind sein, das den Erwachsenen erlaubt, das Potenzial in ihm zu erkennen und es zu großen Leistungen anzuspornen. Wie es kam, dass meine Eltern sich nur für mich so viel erträumten, nicht aber für meinen Bruder? Vielleicht liegt es daran, dass mein Bruder sich von vorneherein nie etwas anderes als ein einfaches Leben gewünscht hatte. Mein Vater legte jeden Abend drei Mandeln vor mich hin. »Ziauddin, bitte iss diese Mandeln.« Sie sollten der Entwicklung meines Gehirns förderlich sein. Ich aß sie bereitwillig. Ein weiteres Privileg.

In dem seltenen Fall, dass wir Barkana einmal verließen, deutete meine Mutter immer auf die hübschen Bungalows, die mir, verglichen mit unserem Lehmhaus, wie Paläste vorkamen. »Wer wohnt da, Beybey?«, fragte ich sie dann. Meine kleine Hand lag in ihrer, unsere Finger waren miteinander verschränkt. Ich, ein Junge, der ihr kaum bis zur Hüfte reichte, musste auf sie aufpassen, nicht umgekehrt. Im Weitergehen antwortete meine Mutter: »Ziauddin, dort leben gebildete Leute. Wenn du dich anstrengst, kannst du eines Tages auch in so einem Haus wohnen.« Wir waren keine reichen Grundbesitzer, besaßen weder ein Geschäft noch ein Gewerbe. Meine Eltern wussten, dass Bildung der einzige Weg war, wenn sie mir wirklich ein besseres Leben ermöglichen wollten. Wir hatten kein Geld, wir hatten keine Beziehungen. Bildung war meine einzige Chance.

Zu Beginn eines jeden Tages bekamen mein Vater, mein Bruder und ich den Rahm von der Milch, so wie man uns abends die saftigsten Teile des Hühnchens servierte. Meine Mutter briet meinem Vater sein Lieblings-Omelett mit gewürfelten Gurken und Tomaten vom Feld. Dafür schlug sie die Eier zusammen mit dem Rahm auf. Während der Mahlzeiten saßen meine Mutter und meine Schwestern nicht mit uns am Tisch, sondern aßen getrennt von uns in einem anderen Zimmer. Die Schuhe meiner Schwestern waren geflickt und voller Löcher, sodass sie oft fast auseinanderfielen. Meine hingegen waren neu, und die Lederriemen saßen fest und stramm an meinen Füßen.

Nur ein einziges Mal hörte ich, wie sich eine meiner Schwestern beklagte. Najma Bibi, eine der älteren, sagte zu meiner Mutter: »Wenn du Jungen so gern magst, warum hast du uns dann überhaupt bekommen?« Und meine Mutter antwortete: »Das zu entscheiden stand nicht in meiner Macht. Ich konnte nichts dafür.« Sie klang aufgebracht, und auch im Gesicht meiner Schwester spiegelte sich eine gewisse Verwirrung.

Mein Vater war ein *maulana*, ein Religionsgelehrter, in unserem Dorf. Fünfmal am Tag leitete er das Gebet in der unteren Moschee von Barkana, die im Gegensatz zu der größeren oberen Moschee, in die ich später meistens ging, aus Lehm gebaut war so wie unser Haus. Außerdem unterrichtete er auch an der Jungenschule im Nachbardorf.

Das eher geringe gesellschaftliche Ansehen, das mit dem Amt eines Geistlichen verbunden war, trug zu den mitunter unberechenbaren Launen meines Vaters und seinen finanziellen Ängsten bei. Zwar stand er aufgrund seiner klar definierten Rolle als religiöser Lehrer außerhalb des Klassensystems und konnte einen gewissen Grad an Respekt erwarten, allerdings haftete der Tätigkeit zugleich auch ein Stigma an: die unausgesprochene, aber allgemein anerkannte Auffassung, dass mein Vater als *maulana* arbeitete, weil er das Geld brauchte.

Maulanas erhalten für das, was sie tun, einen Lohn von der Gemeinde. Mein Vater war nicht aus Pflicht *maulana,* auch wenn er die richtige Ausbildung dafür hatte. Er arbeitete bereits als Religionslehrer an einer öffentlichen Schule und leitete das Gebet nur, um sein Einkommen zusätzlich etwas aufzubessern.

Meine Furcht vor seinem aufbrausenden Temperament stand oft im Widerstreit zu der tiefen Liebe, die ich ihm gegenüber empfand. Er fing wegen Kleinigkeiten an zu toben – weggelaufene Hühner oder verschüttetes Korn –, und seine Ausbrüche ließen sich nicht vorhersehen. Trotzdem zweifelte ich nie daran, dass er mich liebte. Er liebte mich von ganzem Herzen, das wusste ich. Er nahm mich auf den Schoß und schaukelte mich sanft hin und her. Als ich klein war, hatte er noch schwarze Haare, aber sowohl Haupthaar als auch Bart waren bereits von einzelnen grauen Strähnen durchzogen – die Vorboten des Weiß, das später meine Erinnerung an ihn prägen würde: mein Vater, der *maulana,* der Lehrer und Prediger, in seinem langen weißen Gewand mit weißem Haar und weißem Bart, der weißen Kappe oder einem weißen Turban für das Freitagsgebet. Er widmete mir viel Zeit und Energie, las mir vor und versuchte meinen Geist anzuregen. Er war es, der in mir eine lebenslange Liebe zum Lernen weckte.

Mein Vater war redegewandt und leidenschaftlich, und mit der Zeit begannen die Dorfbewohner seine Predigten auf Tonband aufzuzeichnen, damit sie sie später noch einmal zu Hause anhören konnten.

Elf Jahre sind seit dem Tod meines Vaters vergangen, und ich liebe und achte seine verstorbene Seele noch genauso sehr wie damals, als ich als Kind auf seinem Schoß saß oder zuhörte, wenn er mir Gedichte von Iqbal* und Saadi** vorlas. Ich, sein Goldjunge, der Fokus all seiner patriarchalen Hoffnungen und Wünsche. Meine Liebe zu ihm ist bedingungslos. So wie ich mich mit meiner Mutter auf den langen Weg den Berg hinauf machte, begab sich auch mein Vater Jahrzehnte später auf eine Reise. Sie begann mit der Geburt von Malala und endete damit, dass er mir – uns allen – zum Zeitpunkt seines Todes sehr viel näherstand als je zuvor.

»Löse den Knoten in meiner Zunge«

Es gab einen ganz bestimmten Grund, weshalb meine Mutter und Fazli Hakeem mich und nicht meine Schwestern auf den Berg Shalmano mitnahmen. Ausnahmsweise hatte es nichts mit dem Patriarchat zu tun, das bei uns zu Hause herrschte. Meine Schwestern hatten gegenüber meinem Bruder und mir nämlich einen entscheidenden Vorteil. Mein Vater mochte sie in jeder Hinsicht benachteiligen, doch die Natur hatte einen kleinen Ausgleich geschaffen. Meine fünf Schwestern sprachen allesamt flüssig und mühelos, wohingegen mein Bruder und ich im Alter von etwa vier Jahren angefangen hatten zu stottern. Ob mein Bruder dazu angehalten wurde, an seiner Sprachstörung zu arbeiten, weiß ich nicht, aber bei mir war dies meinen Eltern überaus wichtig. Denn wie sollte ich später einmal ein wohlhabender Arzt werden, wenn mir die Worte im Halse stecken blieben und sich weigerten, über meine Lippen zu kommen?

* Muhammad Iqbal, 1877–1938. Pakistanischer Dichter und Philosoph; gilt heute als Nationaldichter und geistiger Vater der Nation Pakistan

** Persischer Dichter des 13. Jahrhunderts

Im Allgemeinen geht man davon aus, dass Stottern teils genetische, teils psychologische Ursachen hat. Jungen stottern häufiger als Mädchen. In unserer Verwandtschaft gab es jeweils einen stotternden Onkel mütterlicher- wie väterlicherseits. Vielleicht waren meine Schwestern verschont geblieben, weil sie Mädchen waren, vielleicht war die Sprachstörung bei meinem Bruder und mir auch einfach eine Laune der Natur. In jedem Fall lebten wir in einem Umfeld, das Stottern begünstigte. Unser Vater schenkte uns Beachtung. Er hörte immer, was wir zu sagen hatten, und folglich hörte er auch das, was wir nicht sagen konnten. Wir waren Jungen, deshalb standen wir automatisch im Mittelpunkt der Aufmerksamkeit. Von den makellos sprechenden Mädchen nahm niemand Notiz. In gewisser Weise konnte man unser Stottern als das einzige Aufbegehren gegen das Patriarchat in unserem Haus bezeichnen.

Die unberechenbaren Stimmungen meines Vaters waren da auch nicht gerade hilfreich. Ich wollte alles tun, um ihn zu beeindrucken. Er sollte stolz auf mich sein, doch ich konnte mich in seiner Gegenwart nie wirklich entspannen.

Trotzdem: Wenn ich an einem Wort hängen blieb, wenn ich stammelte und nicht weiterkam, rief er nie: »Hör schon auf damit, Ziauddin!«, oder: »Jetzt spuck es doch einfach aus!« Er gab mir nie die Schuld an meinem Stottern. Er war kein grausamer Mensch. Im Herzen war er gütig. Vielleicht suchte er deshalb die Hilfe eines Heiligen.

Das erste Stück unseres Weges von Barkana legten meine Mutter, Fazli Hakeem und ich mit dem Bus zurück. Meine Mutter erklärte mir, dass wir nach Mian Kaley wollten, ein kleines Dorf hoch oben in den Bergen, um den heiligen Mann aufzusuchen, der dort lebte. »Er wird dich gegen dein Stottern behandeln«, sagte sie leise. Als junger Mann war dieser Heilige in den umliegenden Dörfern sehr aktiv gewesen. Er hatte geholfen, Moscheen zu errichten und Straßen in die Berge zu bauen. Zu solchen Gelegenheiten hatte er auch die Menschen gesegnet.

Mian Kaley war mit dem Bus nicht zu erreichen, deshalb stiegen wir nach etwa einstündiger Fahrt, von der mir ganz schrecklich übel geworden war, aus und gingen zu Fuß weiter. Die Sonne brannte bereits auf uns nieder, und der gewundene Anstieg führte uns durch Koniferen und Bäume, deren Stämme viel dicker waren als unten im Tal. Ich verlor ziemlich schnell den Mut und wollte nicht weiter. Da hob Fazli Hakeem mich auf seine Schultern, und ich hielt mich an seinem Gesicht fest, die Fingerspitzen unter seinem Kinn. Müde von dem frühen Aufstehen, der höllischen Busfahrt und der sengenden Sonne, döste ich mehrfach ein und kippte dabei jedes Mal nach vorn, sodass Fazli Hakeem aufpassen musste, nicht das Gleichgewicht zu verlieren. »Ziauddin! Ziauddin, wach auf. Sprich weiter. Na, komm, unterhalte dich mit mir.«

Im Dorf angelangt, schlug meine Mutter den Weg zum Lehmhaus des Heiligen ein. Schon unterwegs stieg uns der würzige Geruch von Hammelfleisch und Reis in die Nase, die an Besucher und Arme verteilt wurden. Der Heilige, der mit *Peer Sahib* oder *Lewano Peer* angeredet wurde, war ein sehr großzügiger Mann, das wusste ich. Und wenn man zu ihm ging und er für einen betete, wurden diese Gebete und Wünsche direkt von Gott erhört.

Nach unserer Mahlzeit aus Reis und Hammel wurden meine Mutter und ich zu ihm geführt. Es gab Räume für Frauen und Räume für Männer in seinem Haus, und ich konnte sehen, dass der Heilige mindestens drei oder vier Ehefrauen hatte.

Er saß vor mir. Ich hatte noch nie einen so alten, so stark behaarten Mann gesehen. Seine Haare waren lang und schlohweiß, aber sie wuchsen nicht nur auf seinem Kopf, sondern auch an anderen Stellen, vor allem aus seinen Ohren. Diese schauerlichen Ohrhaare waren so lang, dass sie in meinen kindlichen Augen einem Wasserfall glichen, der sich aus seinen Ohrmuscheln ergoss. Darüber hinaus war er blind und tastete etwas ziellos mit seinen langen dünnen Fingern um sich. »Die Augen seines Herzens sind offen, Ziauddin«, raunte meine Mutter mir zu.

Sie musste ihm oder einem Helfer mein Problem bereits geschildert haben. Er murmelte einige Worte aus dem Heiligen Koran, ehe er mir seinen Atem ins Gesicht blies. Dann zog er einen runden Klumpen *gurr** aus seiner Tasche. *Gurr* ist eine Art gehärteter Zucker, den wir in Pakistan verwenden. Statt ihn, wie ich erwartet hatte, meiner Mutter zu geben, steckte er sich die süße Kugel in den Mund. Er lutschte einige Sekunden lang darauf herum, dann hob er die Hand unter seinen haarigen Mund und spuckte den *gurr* wieder aus. Voller Entsetzen musste ich mit ansehen, wie er den feuchten, glitschigen Klumpen an meine Mutter weiterreichte, die ein Stück davon abbrach und es mir zu essen gab. Ich war angewidert von dem schleimigen Stück Zucker, selbst wenn es Wunderkräfte hatte. Trotzdem steckte ich es brav in den Mund, zerkaute es und schluckte es hinunter. Wir nahmen den *gurr*-Klumpen mit nach Hause, wo dieses Ritual jeden Abend wiederholt wurde. Obwohl der Zucker im Laufe der Zeit trocknete, war er in meiner Vorstellung immer mit dem Speichel des Heiligen überzogen.

Ich wünschte, ich könnte sagen, dass der Heilige mich von meinem Stottern kurierte, doch in Wahrheit wurde es danach noch schlimmer. Als ich in die Schule kam, lastete es wie ein Fluch auf mir. Angesichts der Tatsache, dass meine Schwestern und andere Mädchen überhaupt keine Schulbildung genießen durften, mag es undankbar erscheinen, sich darüber zu beklagen, wie viel Leid mir mein Stottern während der ersten Schuljahre bescherte. Aber ich

* In Indien als *jaggery* bezeichnet; wird als Süßungsmittel verwendet und auch pur als Süßigkeit gegessen.

wurde deswegen oft gehänselt und von den anderen Jungen aus meiner Klasse nachgeäfft.

Der Fluch meines Stotterns wurde durch zwei Umstände noch weiter verschärft. Erstens besaßen wir nicht viel Geld, und zweitens war mein Vater ein *maulana*. Pakistan ist ein Land mit fest etablierten Klassensystemen, und damals vor vierzig Jahren wurden Schüler aus wohlhabenden Familien von den Lehrern ganz offen bevorzugt, vor allem wenn sie die Söhne von Stammesfürsten waren. Das machte mich immer sehr traurig. Ich war ein kluger Junge, fleißig und bemüht. Ich war auf eine gute Schulbildung angewiesen.

Einige meiner Mitschüler machten sich über die Position meines Vaters lustig, auch das wurmte mich nach einer Weile. Durch die Gebete diente mein Vater schließlich der Gemeinde, und er hätte zu mir sagen können: »Ziauddin! Du wirst auch ein *maulana* werden, so wie ich, und deine islamische Bildung ausschließlich in der Religionsschule erhalten.« Aber das sagte er nicht, denn er wollte, dass ich es einmal besser hatte. Mein Vater war ein Intellektueller, der weit weg von Shangla in Karatschi und Delhi ausgebildet worden war. So wie alle islamischen Gelehrten zu seiner Zeit war er mit seiner Bettelschale umhergezogen, immer abhängig von den Almosen der Menschen in den jeweiligen Gemeinden. Ich hingegen sollte eine moderne Ausbildung erhalten. Das war alles andere als selbstverständlich, und dafür werde ich ihm immer dankbar sein.

Allerdings konzentrierte sich der große Traum, den er für mich hegte, ausschließlich auf ein Ziel: Ich sollte ein gut bezahlter Arzt werden und meiner Familie Wohlstand und gesellschaftliches Ansehen bringen. Das war praktisch beschlossene Sache.

»Die Welt ist ein offenes Buch, Ziauddin«, pflegte er zu sagen. »Sie existiert, um daraus zu lernen.«

Seine Botschaft war eindeutig: Wenn du große Träume hast, musst du zur Schule gehen. Arzt zu werden war für ihn der Gipfel des Erfolgs.

Das Problem war nur, dass ich nicht zum Arzt taugte.

Wenn ich tagsüber den *azaan*, unseren Gebetsruf, hörte, lief ich lieber zur oberen Moschee mit den Bäumen ringsum, den hin und her summenden Insekten und der Quelle, die mitten durch den Hof floss, statt zur unteren am anderen Ende des Dorfes unweit des Basars, wo mein Vater immer auf seinem besonderen Platz ganz vorn stand. Anders als heutzutage gab es damals noch keine Lautsprecher, die den *azaan* über die Dächer des Dorfes trugen. In meiner Kindheit riefen die Männer ihn noch von einer kleinen Rasenfläche oder auf einem großen Stein stehend aus.

Obwohl ich eine schwere Sprachstörung hatte, war ich entschlossen, Prediger zu werden so wie mein Vater. Womöglich war diese besondere Charakterstärke der Funke, den meine Eltern bei mir wahrgenommen hatten? Es stimmt: Wann immer ich mit meinen Schwächen konfrontiert werde, erwacht mein Kampfgeist, und genauso war es, wenn ich mitbekam, wie die reichen Jungen in meiner Klasse von den Lehrern bevorzugt wurden. Wenn ich sagen müsste, welches das größte Geschenk ist, das mein Vater mir im Leben gemacht hat, dann wäre es wohl dieses: Er hat mir geholfen, meine Schwäche in eine Stärke zu verwandeln.

Je höher die Klasse, in die ich aufrückte, desto deutlicher trat zutage, dass ich zu den leistungsstärkeren Schülern gehörte. Das konnten die Lehrer nicht ignorieren. Den reichen Jungen schenkten sie allein aufgrund ihrer Familiennamen Beachtung, doch auch ich errang schließlich meinen Anteil der Aufmerksamkeit, und zwar durch gute Noten.

Trotzdem blieb ich der Sohn meines Vaters und ein Stotterer.

Nach den Mandeln gab es für mich eine Zeit lang Rosinen, die meine Mutter über Nacht in Milch einweichte, sodass sie am Morgen prall und saftig waren von der aufgesogenen Flüssigkeit und absolut köstlich schmeckten.

Als ich mit dreizehn Jahren auf die weiterführende Schule im Nachbarort kam, an der auch mein Vater unterrichtete, konnte ich immer noch nicht flüssig sprechen. Trotzdem teilte ich meinem Vater mit, dass ich die Absicht hatte, an einem Redewettbewerb teilzunehmen.

Daraufhin tat mein Vater etwas sehr Wichtiges: Er verbot mir die Teilnahme nicht. Ganz im Gegenteil, er ermutigte mich sogar. Er glaubte an mich, und durch seine Unterstützung fühlte ich mich stärker. Das Schulleben in Pakistan ist geprägt von Debattier- und Rezitationswettbewerben. Mein Vater erklärte sich bereit, eine Rede für mich zu schreiben.

Ich übte allein, Stunde um Stunde. Mysteriöserweise war mein Stottern dabei wie weggeblasen. Doch kaum übte ich im Beisein meines Vaters, waren die alten Probleme wieder da.

Mein Vater legte eine schier unerschöpfliche Geduld an den Tag. Zu Hause verlor er wegen Nichtigkeiten die Beherrschung, aber draußen in der Welt war er mein Förderer. Er stand immer hinter mir.

Um mir zu helfen, flüssiger zu sprechen, brachte er mir eine berühmte Passage aus dem Koran bei, nämlich das Gebet des Propheten Moses (Heil sei über ihm), der laut unserem Heiligen Buch ebenfalls ein Stotterer war. »Mein Herr, weite meine Brust und mache mir meine Angelegenheit leicht. Und löse den Knoten in meiner Zunge, sodass sie meine Worte verstehen.« (Sure 20:25–28.)

Obwohl mein Stottern heute fast verschwunden ist, rezitiere ich diese Zeilen immer noch vor jedem öffentlichen Auftritt.

Meine erste Rede hielt ich fehlerfrei in unserer Landessprache

Urdu. Ich kann nicht mehr sagen, was genau passierte, aber es war berauschend. Hinterher kam mein Mathematiklehrer Ahmed Khan zu mir und sagte: »*Shaheen*, du verbreitest das Feuer.« *Shaheen* bedeutet »Falke«, und eine Zeit lang meinte mein Vater, ich solle künftig immer mit diesem Namen unterschreiben. Der Erfolg bei diesem Wettbewerb brachte uns einander näher. Er verlieh seinen Träumen Flügel, und mir gab er Selbstvertrauen. Ich begann mich in einem anderen Licht zu betrachten – nicht als hässlichen Stotterer mit dunkler Haut und großer Nase, sondern als einen Jungen, der in einem Redewettbewerb den ersten Preis gewonnen hatte, weil er seine Schwächen überwunden hatte und über sich hinausgewachsen war. Ich glaube, Selbstvertrauen schafft immer mehr Selbstvertrauen.

Solche Wettbewerbe wurden überall in der ganzen Region abgehalten, und mein Vater und ich reisten immer zusammen im Bus dorthin. Bei einer Gelegenheit gab ich eine besonders jämmerliche Figur ab. Die lange Fahrt über holprige Straßen hatte bei mir wieder einmal zu heftiger Reiseübelkeit geführt. Ich war kreidebleich im Gesicht, und ein Schweißfilm bedeckte meine Haut. Im Bus saßen noch andere Wettbewerbsteilnehmer, und ich bemerkte, wie der Begleiter eines Jungen mich belustigt ansah. »Du da, wirst du etwa auch eine Rede halten?« Ich nickte. »Nein, das wirst du nicht«, entgegnete er lachend. Für ihn war ich ein schlechter Witz. Keiner glaubte daran, dass dieses elend aussehende Kind in der Lage sein würde, auf einer Bühne zu stehen. Doch am nächsten Tag schlug ich nicht nur den Jungen aus dem Bus, sondern wurde sogar Bester der gesamten Provinz. Meine stotternde Zunge verbarg einen flammenden Redner. Mein Erfolg war die denkbar beste Antwort auf den Spott des Mannes. Ich nenne das »positive Vergeltung«. Es ist ein Prinzip, das sich durch mein ganzes Leben zieht, und eine gute Möglichkeit, Unrecht ohne Hass wiedergutzumachen.

Ich wünschte, ich könnte sagen, dass diese öffentlichen Auftritte als Redner mich von meinem Stottern heilten. Doch dem war nicht so. Es sollten noch viele Jahre vergehen, ehe es auch im Alltag besser wurde. Es geschah fast durch Zufall, als ich Shangla verließ, um ins Swat-Tal zu gehen und dort Naturwissenschaften und Englisch zu studieren. Ich stottere bis heute, aber je älter ich wurde und je mehr Anerkennung ich bekam, desto mehr wuchs auch mein Selbstvertrauen, und es fiel mir leichter, mich damit abzufinden, dass das Stottern ein Teil von mir war. Ich lernte einen sehr guten Arzt kennen, einen Physiotherapeuten – ich selbst würde nie Arzt werden –, der mir die Geschichte des griechischen Redners Demosthenes erzählte. Dieser habe sich Kieselsteine unter die Zunge gelegt, um sich das Stottern abzugewöhnen. Er sei am Strand entlanggelaufen und habe laut über das Rauschen der Wellen hinweg gesprochen. Auch ich benutzte Kieselsteine und machte andere Übungen, bei denen ich die Worte in meinem Mund rollte. Außerdem behalf ich mir, indem ich nach Alternativen zu den Wörtern suchte, die mir für gewöhnlich Schwierigkeiten bereiteten. Hatte ich zum Beispiel die Wahl zwischen »Mond« und »Sonne«, so entschied ich mich für »Sonne«. Wenn ich wusste, dass ich bei dem Wort »Frau« ins Stottern geriet, wich ich instinktiv auf den Begriff »Dame« aus. Das beeinträchtigte zwar die Leichtigkeit meines Ausdrucks, und manchmal hatte ich das Gefühl, dass mir die treffendsten Worte fehlten, aber immerhin konnte ich meine Ansichten flüssig darlegen. Es war eine Art Gleichung: das weniger prägnante Wort und der bessere Redefluss oder das stärkere Wort, dafür aber mit Stottern. Daran hat sich bis zum heutigen Tag nichts geändert.

Als man mich an der Universität zum ersten Mal bat, vor dem versammelten Seminar einen Aufsatz vorzulesen, und die Knoten in meiner Zunge wieder einmal zu fest saßen, sagte der Dozent:

»Ziauddin, warum geben Sie den Aufsatz nicht einem Kommilitonen zum Vorlesen?«

»Nein, ich will es selbst machen«, teilte ich ihm mit. »Wenn Sie mich nicht vorlesen lassen, nehmen Sie mir etwas Wichtiges weg.« Mein Dozent machte ein betretenes Gesicht, bestürzt über seinen eigenen Fehler. »Sie haben absolut recht«, sagte er. »Lesen Sie nur.«

Also las ich meinen Aufsatz vor. Diesmal war ich nicht in der Lage, die Wörter auszutauschen, deshalb kam ich nur langsam und stockend voran, aber ich weiß noch, wie ich dabei dachte: »Das bin ich. So bin ich.«

Jahre später wurde meine Sprache zur Waffe gegen die Taliban. Vielleicht stotterte ich, aber ich sagte die Wahrheit. In den Jahren, als die Taliban unser Tal erobert und uns unser Leben geraubt hatten, begegnete ich so viel beeindruckender Redegewandtheit und geschliffener Rhetorik, doch all die schönen Worte, die ihre Befehlshaber über das Radio und auf unseren Plätzen verbreiteten, steckten voller Lügen. Meine eigene Stimme war oft stockend, aber immerhin verstummte sie nicht, sondern verkündete die Wahrheit, nämlich dass die Taliban unser Land in Dunkelheit stürzen wollten.

Das Erbe meiner Beybey

Mein Vater hat in mir die Liebe zur Bildung und eine Leidenschaft für das öffentliche Reden geweckt, doch es war meine Mutter, die mir ihre bedingungslose Güte schenkte. Laut islamischer Überlieferung kam einst ein Mann zum Propheten Mohammed (Heil sei über ihm) und sagte zu ihm: »Oh, Gesandter Gottes! Wer unter den Menschen ist am ehesten meiner Gesellschaft würdig?« Der Prophet (Heil sei über ihm) antwortete: »Deine Mutter.« Daraufhin fragte der Mann: »Und wer dann?« Der Prophet (Heil sei über ihm) sagte: »Dann deine Mutter.« Der Mann fragte weiter: »Und wer dann?« Der Prophet (Heil sei über ihm) sagte: »Dann deine Mutter.« Der Mann fragte noch einmal: »Wer dann?« Der Prophet (Heil sei über ihm) sagte: »Dann dein Vater.«

Diese dreimalige Erwähnung der Mutter erinnert mich daran, dass ich, als ich im Jahr 2000 meine erste Sammlung paschtunischer Gedichte herausgab, diese den drei Frauen widmete, die mir auf je unterschiedliche Weise eine Mutter gewesen waren: meiner leiblichen Mutter; der zweiten Frau meines Vaters, die dieser nach dem Tod meiner Mutter geheiratet hatte; und meiner »Ersatzmutter«, einer herzensguten Frau, in deren Haus ich während meiner Studienzeit ein Zimmer bewohnt und die mich wie ihren eigenen Sohn behandelt hatte.

Meine leibliche Mutter hieß Shahrukh, kurz Sharo, und ich liebte sie sehr. Ich liebe sie immer noch, obwohl sie diese Welt schon lange verlassen hat. Sie war ein zutiefst warmherziger Mensch. Sie war zu all ihren Kindern liebevoll, aber zu mir ganz besonders, denn mein älterer Bruder heiratete, als ich noch recht jung war, und hatte fortan eine Ehefrau, die sich um ihn kümmerte.

Man kann sagen, dass ich der Liebling meiner Mutter war. Oft erzählte sie mir Geschichten über Leute aus der Nachbarschaft, die zwar arm waren, aber auch tüchtig; die hart arbeiteten oder schwere Zeiten durchmachten; Geschichten darüber, wie diese Leute allen Widrigkeiten zum Trotz ihre Ausbildung abschlossen und im Leben viel erreichten, einen guten Beruf erlernten und – mit ein bisschen Glück – sogar reich wurden. In diesem Sinne hat mir meine Mutter etwas Wunderschönes mit auf den Weg gegeben. Sie selbst hatte nie eine Schule besucht, aber sie wusste um den Wert von Bildung. Sie wusste, wenn ich jemals in einem schönen Bungalow wohnen und die Art von Leben führen wollte, die ihr selbst nicht vergönnt gewesen war, würde ich das nur durch einen guten Schulabschluss und einen anständigen Beruf erreichen. Die herrschenden gesellschaftlichen Normen bedeuteten, dass sie dieses Wissen nicht an ihre Töchter weitergeben konnte, also vermittelte sie es mir, auf dass ich es wiederum Malala vermitteln konnte.

Meine Mutter war wunderschön und hatte eine fast weiße Haut, mehrere Nuancen heller als meine. Aber sie litt unter einer schwachen Gesundheit. Wenn wir zum Arzt gingen, schrieb dieser immer »Mutter des Ziauddin« oder »Ehefrau des Rohul Amin« auf. Manchmal kam der Arzt auch zu uns nach Hause, dann hielt ich seinen Koffer, in dem sich das Stethoskop und das Thermometer befanden. Ich betrachtete dies als einen Dienst an meiner Mutter, obwohl es natürlich nicht im Mindesten an das heranreichte, was sie für mich tat.

Mit sechzehn, als ich in meinem letzten Jahr auf der Oberschule im Nachbardorf war und die Abschlussprüfungen näher rückten, wohnte ich in einem Zimmer in dem kleinen Gästehaus, das vorn an unser Haus angebaut worden war. Dort lag ich jeden Abend auf der Pritsche, umgeben von meinen Büchern, und lernte bis tief in die Nacht hinein beim Schein einer Kerosinlampe. Alle paar Stunden sah ich eine schemenhafte Gestalt draußen am Fenster vorbeihuschen. Sie kam mir vor wie ein Trugbild, und ich dachte immer: »Ist das Beybey oder ein Geist?«

Eines Abends wurde ich von ihr geweckt. Ich musste kurz eingeschlafen sein. Sie redete hastig auf mich ein. Meine Lampe war umgestürzt und auf das Kopfkissen gefallen, die Flammen waren kurz davor gewesen, mein Bett in Brand zu stecken.

Ich wünschte, ich hätte sie auch retten können, so wie sie mich gerettet hatte. Meine Mutter starb am 5. Mai 1985. Ich war sechzehn. Tagsüber saß ich noch zusammen mit ihr und meiner Schwester draußen vor dem Haus auf der kleinen Veranda. Für mich war es wegen der Prüfungen eine anstrengende Zeit, erst recht da ich wusste, dass ich nicht die erforderlichen Noten bekommen würde, die ich brauchte, um Arzt zu werden.

Eine meiner älteren Schwestern war nach Hause gekommen und schlief im Zimmer meiner Mutter. Damals war mir nicht klar, was das bedeutete, aber jetzt begreife ich es natürlich. Als es langsam spät wurde, hob ich meine Mutter hoch. Sie war ganz leicht und zerbrechlich und konnte zu jenem Zeitpunkt schon nicht mehr aus eigener Kraft laufen. Ich trug sie auf meinen Armen ins Haus, und sie lachte und scherzte währenddessen mit mir: »Ziauddin, lass mich runter! Was machst du denn da? Wo bringst du mich hin?« Ich legte sie in ihr Bett und zog mich dann mit meinen Büchern und meiner Lampe in mein Zimmer zurück. Am darauffolgenden Morgen hörte ich meine Schwestern schreien und klagen. »Oh, meine Beybey – oh, meine Bey, Beybey!« Das ganze Haus war erfüllt von Trauer. Ich stürzte in das große Zimmer unseres Lehmhauses und sah meine Mutter in ihrem Bett liegen, genau so, wie ich sie am Abend zuvor verlassen hatte. Sie war tot. Niemand hatte damit gerechnet, dass sie in dieser Nacht sterben würde. Noch am selben Tag wuschen meine Schwestern den Leichnam, und meine Mutter wurde begraben. Nur eine Schwester, die mittlerweile in Karatschi lebte, fehlte bei der Beerdigung. Sie kam drei Tage später nach einer langen Busfahrt bei uns an. Die Nachricht vom Tod meiner Mutter wurde von den Männern, die sonst den *azaan* riefen, im Dorf verbreitet, damit alle zur Beisetzung kamen. Ich konnte kaum fassen, dass sie den Tod desjenigen Menschen verkündeten, den ich am meisten auf der ganzen Welt geliebt hatte.

Mein Vater trauerte sehr um meine Mutter, doch nach einigen Monaten begann er sich Gedanken über eine zweite Heirat zu machen. Dass verstorbene Ehefrauen recht schnell ersetzt werden, ist in unserer Gesellschaft so normal, dass ich es gar nicht hinterfragte. Bei uns leben Männer nicht allein. Mein Bruder machte sich daran, unter den infrage kommenden Frauen der näheren Umgebung eine geeignete Kandidatin zu finden. Dabei ging es nicht um Kriterien wie Schönheit oder gute Verbindungen; mein Vater suchte nach einer Frau, die ihn auf dieselbe Art und Weise bedienen würde, wie meine Mutter es getan hatte – die seine Wäsche wusch, ihm das Essen kochte und sich um seine Kinder kümmerte. Ohne jemanden, der die Rolle der Ehefrau ausfüllte, konnte ein Haushalt keinen Bestand haben.

Trotz meiner Trauer dachte ich nicht: »Meine Mutter ist gerade gestorben, und jetzt will mein Vater schon eine neue Frau heiraten.« Stattdessen dachte ich: »Er braucht eine Frau zum Überleben. Und ich bekomme eine zweite Mutter.«

Irgendwann stand es fest: Mein Vater würde eine Witwe mittleren Alters ehelichen. Nicht lange, und sie nahm den Platz in unserem Familienleben ein, den zuvor meine Mutter innegehabt hatte. Beybey fehlte mir sehr, doch ich wollte nicht im Beisein meiner neuen Mutter um sie trauern, denn ich fürchtete sie zu kränken. Vor der Hochzeit hatte ein Mann aus dem Dorf zu meinem Vater gesagt: »Du heiratest jetzt zum zweiten Mal, da musst du eins auf jeden Fall beachten: Lobe niemals deine alte Frau im Beisein deiner neuen. Die Eifersucht zwischen zwei Frauen ein und desselben Mannes kennt nicht ihresgleichen. Nicht einmal unter Vettern ist sie so groß! Es ist die schlimmste Eifersucht auf der ganzen Welt.«

An den beiden Eid-Feiertagen, dem Opferfest Eid-ul-Adha, auch großes Eid-Fest genannt, und dem kleinen Eid-Fest Eid-ul-Fitr, dem Fastenbrechen nach dem Ramadan, ging ich immer zum Friedhof, um meine verstorbene Mutter zu besuchen. Mit meiner neuen Mutter sprach ich nie darüber. »Warum soll ich ihr wehtun?«, dachte ich bei mir. »Auch sie ist ein menschliches Wesen und hat Gefühle. Wenn es sie verletzt, von meinem Verlust zu hören, und es mir nicht hilft, ihr davon zu erzählen, dann kann ich es genauso gut für mich behalten.«

Meine zweite Mutter lebt immer noch. Als Malala im Oktober 2012 von den Taliban angeschossen wurde, war sie gerade bei uns in Mingora. Es waren ihre Gebete, die Tor Pekai am wichtigsten waren, denn: »Die Alten und Grauhaarigen achtet Gott besonders.«

Schon als Malala noch ganz klein war, sagte meine zweite Mutter über sie: »Mögest du die Benazir Bhutto deiner Zeit werden, aber ein langes Leben haben.«

Das Los meiner Schwestern und meiner Mutter prägte mich im Laufe der Jahre sehr. Ich erinnere mich noch, dass ich bereits als Zehnjähriger anfing, für die Frauen des Dorfes hin und wieder kleinere Dienste zu übernehmen. Zu dem Zeitpunkt war ich noch zu jung, als dass es eine Form von Protest hätte sein können. Es bereitete mir einfach Freude, ihnen zu helfen. Die meisten dieser Frauen hatten Söhne, die in den Golfstaaten arbeiteten. Sie waren Analphabetinnen, und wenn die jungen Männer Briefe nach Hause schickten, konnten ausgerechnet ihre eigenen Mütter, die sie vermutlich am allermeisten vermissten, sie nicht lesen und keinen Trost aus ihren Worten schöpfen. Ich weiß nicht mehr, wie es kam, dass ich in meinem zarten Alter diese Zusammenhänge begriff, aber ich begann den Müttern die Briefe ihrer Söhne vorzulesen und ließ mir danach ihre Antworten diktieren. Ich brachte ihre Gedanken und Gefühle wortgetreu zu Papier und gab ihnen so die Möglichkeit, unmittelbar zu ihren Söhnen zu sprechen, die sie vermissten und liebten, so wie meine Mutter mich liebte.

Es war das Schicksal meiner eigenen Cousine in Barkana, das aktiv zu meinem Gesinnungswandel beitrug. Es führte mir vor Augen, dass Ungleichheit auch brutale Gewalt bedeuten kann. Um ihre Identität zu schützen, werde ich sie Khoor Bibi nennen, doch ihr wahrer Name lautet anders. Sie ist vier Jahre älter als ich, und wir stehen noch immer in Kontakt zueinander. Inzwischen wohnt sie in einem anderen Teil Pakistans und hat ein neues Leben angefangen. Ähnlich wie ich hatte auch sie früh ihre Mutter verloren – mit dem Unterschied, dass sie zu dem Zeitpunkt erst zweieinhalb Jahre alt gewesen war und somit nicht einmal glückliche Erinnerungen an ihre Mutter zurückbehielt. Ihr Vater suchte sich eine neue Frau, doch diese schenkte ihr nur wenig Zuneigung, sodass sich meine Cousine oft ausmalte, wie ihr Leben wohl verlaufen wäre, wenn ihre Mutter länger gelebt hätte. Im Alter von vierzehn Jahren wurde sie mit einem Mann aus einer gesellschaftlich höherstehenden Familie verheiratet. Im Allgemeinen galt er als gute Partie, allerdings war er unberechenbar und neigte zum Jähzorn. Schon in der Hochzeitsnacht tat er ihr Gewalt an, und danach ging es so weiter. Meine Cousine weinte bittere Tränen. Jahre später war ihr Tränenstrom immer noch nicht versiegt. »Ziauddin, was soll ich nur tun? Was soll ich nur tun?« Um die Zeit, als meine Mutter starb, hatte ich mich zu einem großen Romantiker entwickelt. Die Gedichte, die ich las, hatten viele hochfliegende Ideen über die wahre und ewige Liebe in mir geweckt – eine Art von Liebe, die einen völlig überwältigt und auf Wolken schweben lässt.

Die grausame Realität des Ehelebens meiner Cousine stand in krassem Gegensatz zu diesen romantischen Idealen. Ich konnte ihr Leid kaum mit ansehen, die fundamentale Ungerechtigkeit ihres Lebens war mir unerträglich. Obwohl eine Ehe bei uns grundsätzlich immer unter Einbeziehung beider Familien arrangiert wird, war sie für mich gleichbedeutend mit einem Leben in Liebe, und auch ich wünschte mir für meine Zukunft eine liebevolle Partnerschaft. Die Ehe meiner Cousine hingegen war geprägt von Verachtung und Unglück.

Als ich sechzehn war, war meine Cousine zwanzig. Sie hatte als junge Braut das Elend ihrer Ehe einige Monate lang ausgehalten, dann war sie zurück in das Haus ihres Vaters geflohen. Als dieser starb, zog sie zu einem ihrer Brüder. Das Patriarchat zwingt Frauen dazu, den Männern zur Last zu fallen, und so war es auch bei meiner Cousine. Sie ging vom Vater zum Bräutigam, zurück zu ihrem Vater und schließlich zum Bruder – ohne die Möglichkeit, ihr eigenes Geld zu verdienen und ein unabhängiges Leben zu führen.

Der Versuch, meine Cousine aus ihrer arrangierten Ehe zu befreien, zog sich über Jahre hin. Ihr Bruder reichte bei Gericht einen Scheidungsantrag ein, doch seine Familie sah sich, ausgehend von den Verwandten des Ehemanns, einem enormen gesellschaftlichen Druck ausgesetzt. Die Schande einer gescheiterten Ehe wog schwer, und meine Cousine weinte in dieser Zeit viel. Ich wurde zu einem ihrer engsten Vertrauten, da ihr sonst niemand beistehen wollte. Ihr Schicksal war ein großer Schritt auf dem Weg zu meinem eigenen Umdenken.

Weil sie bei offiziellen Stellen keine Hilfe fand, ging sie dazu über, um Mitternacht spezielle Gebete aufzusagen. Sie streckte Gott die Hände entgegen und flehte ihn um Gnade und Erlösung an. Es war eine bittere Erkenntnis für mich, dass unsere Gesellschaft nicht darauf ausgelegt war, ihr aus ihrer Notlage zu helfen, und dass die Strafverfolgungsbehörden keinerlei Interesse an ihrem Fall hatten.

In ihrer Verzweiflung besuchte meine Cousine auch sogenannte Wundermacher – Betrüger und Scharlatane, die versprachen, ihr Unglück zu tilgen, und die sie in Wahrheit doch nur schamlos ausnutzten. »Ziauddin«, meinte sie eines Nachmittags zu mir, »bitte, komm mit mir auf den Friedhof.« Selbst als Jugendlicher war der Friedhof für mich ein angsteinflößender Ort, aber meine Cousine hatte von einem besagter Wundermacher ein Amulett erhalten mit der Anweisung, das älteste Grab auf dem Friedhof zu finden und das Amulett dort zu verscharren. Seine übernatürlichen Kräfte würden ihrer Not ein Ende machen. Sie war so verzweifelt und setzte so große Hoffnungen in das Amulett, dass ich ihr den Wunsch nicht abschlagen konnte. Gegen Mittag machten wir uns auf den Weg. Meine Cousine lief kreuz und quer über den Friedhof, als wäre sie wahnsinnig. Als sie ein altes Grab gefunden hatte, begann sie mit den Händen in der Erde zu graben, wobei sie unablässig sang und betete.

Zwei Jahre später schoss ihr ein Unbekannter mit einer Kalaschnikow ins Bein. Sie wurde mit einer vier Zentimeter großen Schusswunde ins Krankenhaus eingeliefert, und es dauerte viereinhalb Monate, bis sie entlassen werden konnte. Sie humpelt noch heute. Ich war damals achtzehn und lebte nicht mehr zu Hause in Barkana, trotzdem besuchte ich regelmäßig ihr Krankenbett. Zu der Zeit las ich viel, nahm neue Ideen auf und traf viele neue Leute, und meine Ansichten über das Leben entfernten sich langsam immer weiter von denen der Gemeinschaft, in der ich aufgewachsen war. Ich schwor mir, dass ich, sollte ich jemals eine Tochter haben, ihr niemals ein solches Leben wie das meiner Cousine aufzwingen würde. Nach dem Anschlag auf sie vergingen noch acht Jahre und zwei weitere unglückliche Ehen, bis sie endlich mit ihrem vierten Mann das Glück fand.

Wenn ich daran denke, was Malala erreicht hat, muss ich immer auch an all die anderen Frauen denken, die ich geliebt habe – Frauen wie diese Cousine und meine Schwestern, die ich nicht vor der Grausamkeit und Ungerechtigkeit unserer Gesellschaft beschützen konnte. Ich musste das Elend ihres Daseins erst mit ansehen, um aufzuwachen und dafür zu sorgen, dass meine eigene Familie einen anderen Weg wählen würde. Diese Frauen, Malalas Tanten und entfernte Cousinen und Großmütter, haben ihr ganzes Leben damit zugebracht, immer nur die Träume anderer zu träumen und sich den Wünschen anderer zu unterwerfen. Ich denke an die Kraft, die sie in sich trugen und die unentdeckt blieb, vernachlässigt, unterschätzt. Weil sie niemanden hatten, der an sie glauben wollte.

Wenn Menschen im eigenen Umfeld solche Schicksale erlebt haben, kann man davon nicht unberührt bleiben. Ich begann, die überlieferten Vorstellungen meines Vaters und seines Vaters und aller pakistanischen Väter vor ihnen mit anderen Augen zu sehen.

Ein Lied der Befreiung

Ich war ein sehr folgsamer Junge. Wenn mein Vater sich wieder einmal lautstark über unsere wohlhabenden Vettern ausließ oder meine Mutter wegen irgendeiner Kleinigkeit tadelte, protestierte ich niemals offen dagegen. Dort, wo ich herkomme, gehorcht ein Sohn seinem Vater, egal, was dieser sagt. Doch als ich sechzehn war und die Ergebnisse meines Abschlussexamens an der Oberschule bekannt gegeben wurden – das war kurz nach dem Tod meiner Mutter –, stand endgültig fest, dass ich den großen Traum meines Vaters nicht würde erfüllen können. Aus mir würde kein Arzt werden. Daraufhin verlor er das Interesse an meiner Ausbildung.

Ich hatte einen Platz am Jehanzeb-College bekommen, dem besten im Swat-Tal. Doch mein Vater wollte lediglich für einen kleinen Teil meiner Lebenshaltungskosten aufkommen. Das Jehanzeb-College lag viele Meilen entfernt in Saidu Sharif, einer Stadt ganz ähnlich wie Mingora. Studiengebühren gab es zwar keine, aber ich musste aus Barkana fortziehen. Wir hatten keine Verwandten in der Nähe des Colleges, wo sollte ich also wohnen? Mein Vater hatte seine höhere Bildung als traditioneller Talib erhalten, er war von Moschee zu Moschee gezogen und hatte Essen und Kleidung von den Gemeindemitgliedern bekommen. Er sah nicht ein, weshalb er nun bei mir für solche Dinge bezahlen sollte, zumal keine Chance mehr bestand, dass ich Arzt wurde, so wie er es sich immer gewünscht hatte.

Ich wollte Shangla trotz all seiner Schönheit verlassen, weil ich nach einem anderen, größeren Leben strebte. Ich wollte lernen um des Lernens willen. In den Augen meines Vaters war das reine Geldverschwendung. Bislang hatte er Ziauddin, den Falken mit den starken Flügeln, immer ermutigt, aber jetzt flog ich nicht mehr in die Richtung, die er für mich vorgesehen hatte. Ich erinnere mich noch ganz klar daran, wie ich mit tränennassem Gesicht durch die Berge streifte. Ich war außer mir vor Verzweiflung, fühlte mich unverstanden und verlassen. Schon sah ich ein Leben vor mir, in dem ich Büffel hütete und den Jungen, die hoch oben in den Bergen lebten, das Allernötigste an Wissen vermittelte.

Genau an diesem Punkt, als für mich bereits alles verloren schien, geschah ein Wunder. Ich hatte zwischenzeitlich begonnen, in der Schule im Bergdorf Sewoor auszuhelfen, wo auch mein Bruder unterrichtete. Es war keine renommierte Schule, weil man, um von Barkana aus dorthin zu gelangen, anderthalb Stunden den Berg hinauflaufen musste. Außerdem wurde sie nur von Bauernsöhnen besucht. Kein Lehrer wollte dort arbeiten, und die meisten hatten nur wenig Achtung für ihre Schüler übrig, deren Familien bitterarm waren. »Sollen sie ruhig Analphabeten bleiben«, sagten die Leute oft. Aber mein Bruder war sehr engagiert, und ich nahm mir ein Beispiel an ihm. Es gab nicht einmal ein eigenes Schulgebäude, stattdessen fand der Unterricht in der Moschee statt. Eine meiner Schwestern hatte einen Mann aus Sewoor geheiratet, und während ich an der Schule arbeitete, bekamen sie Besuch von einem Verwandten ihres Ehemanns. Er hieß Nasir Pacha und lebte mit seiner Frau Bakht Mina Jajai in einem Dorf namens Spal Bandai ganz in der Nähe vom Jehanzeb-College.

Nasir Pacha zeigte sich sehr beeindruckt von meinem Unterricht in der Bergschule. Ich hatte die Hoffnung, aufs Jehanzeb-College zu gehen, bereits begraben und ihm zwar erzählt, dass man mir dort einen Studienplatz angeboten hatte, ihm aber nicht verraten, dass ich ihn ohne Hilfe niemals würde annehmen können. Zu meinem großen Erstaunen sagte er: »Komm doch und wohne bei uns.«

Als der Bus, in dem ich saß, Barkana verließ und in Richtung des wunderschönen Dorfes Spal Bandai fuhr, hatte ich das Gefühl, dass ein Leben voller Möglichkeiten vor mir lag. Es war wahrhaftig ein Geschenk Gottes, denn es bedeutete Freiheit – die Freiheit der Gedanken, die Freiheit, meine Zukunft selbst zu gestalten. Das Studentenleben war hart, denn ich hatte kaum Geld, aber es war reich an intellektuellen Erfahrungen, und ich machte mir schnell einen Namen als überzeugender Redner und Sprecher für studentische Belange. Während meiner gesamten Studienzeit lebte ich von dem bisschen Geld, das ich hier und da bekam, manchmal von meinem Vater, gelegentlich auch von meinem Bruder. Ich versuchte nie lange über die mangelnde finanzielle Unterstützung durch meinen Vater nachzudenken. Manchmal weinte ich vor lauter Frust, aber ich akzeptierte meine Lebensumstände, denn ich wusste, dass mein Vater letztendlich nichts dafür konnte, dass er so war, wie er war.

Mein Vater vertrat erhabene Ideale. Er sprach die ganze Zeit von Gandhi und Iqbal, doch sobald ich auf dem College war, stellte ich fest, dass sich diese Ideale in seinem Alltag nicht immer wiederfanden. Ich denke, nachdem ich von zu Hause ausgezogen war und verstärkt eigene Ideen zu entwickeln begann, wurde mir klar, dass er nicht perfekt war. Jeder Mensch hat Fehler, aber es ist ein bedeutsamer Moment, wenn man erkennt, dass auch die eigenen Eltern nicht vollkommen sind. Ich liebte ihn deshalb nicht weniger. Ich weiß, dass ich selbst auch Fehler habe, und es steht meinen Kindern frei, dies eines Tages festzustellen und ihre eigenen Korrekturen vorzunehmen.

Durch diese Erfahrungen habe ich einiges über Eltern gelernt. Es liegt in der menschlichen Natur, über die Beziehungen, die man im Laufe seines Lebens eingeht, seien es gute oder schlechte, Buch zu führen. War dieser Bruder oder jene Schwester anständig zu mir? Hat jener Freund mich in Zeiten der Not unterstützt? War diese Freundin für mich da, als ich sie am meisten brauchte? Und war ich im Gegenzug auch für sie da? Jede Beziehung beruht zum Teil auf dem Prinzip der Gegenseitigkeit – ich denke, das ist nur menschlich. Wenn jemand freundlich zu uns ist, versuchen wir diese Freundlichkeit zu erwidern. Lässt uns jemand im Stich, merken wir uns das. Idealerweise sollten wir zu allen Menschen gut sein, die zu uns gut sind, und selbst denjenigen gegenüber, die uns schlecht behandeln, sollten wir uns um Güte bemühen. Die Beziehung zu unseren Eltern allerdings muss meiner Ansicht nach über so etwas erhaben sein. Ich meine damit nicht, dass es dabei in erster Linie um Gehorsam geht – dass wir immer tun müssen, was unsere Eltern uns sagen. Ich rede vielmehr von Respekt. Wenn unsere Eltern sich ändern müssen, dann können wir diese Veränderung respektvoll und auf positive Weise anregen. Respekt den Eltern gegenüber bedeutet, ihre Ansichten anzuerkennen und zugleich seinen eigenen Weg zu finden. Bei meinem verstorbenen Vater werde ich jedenfalls nicht Buch führen und das Gute gegen das Schlechte aufrechnen. Ich werde immer mit Güte im Herzen an ihn denken und nie aufhören, ihn zu lieben. Manchmal fällt es schwer, jemanden zu lieben, der einen im Stich gelassen oder manches Mal die Tränen der Enttäuschung in die Augen getrieben hat. Aber indem ich mich darauf konzentriere, was mein Vater mir gegeben hat, statt nur an das zu denken, was ich nicht von ihm bekam, erkenne ich, dass es gerade seine besten Eigenschaften waren, die mich zu dem geformt haben, der ich bin.

In patriarchalisch geprägten Gesellschaften werden Kinder und Frauen als Eigentum ihrer Familien betrachtet. Das kann ein großes Problem sein für Kinder wie mich, die sich dagegen sträuben, jemandes Besitz zu sein. Ich wollte meinen eigenen Weg finden, ich selbst sein, mir neue Horizonte erschließen und ein anderes Leben führen als das, das mein Vater sich für mich vorgestellt hatte. Aber ich wollte ihn damit nicht vor den Kopf stoßen. Stattdessen versuchte ich ihn stolz zu machen, indem ich meine eigenen Träume und Ziele verwirklichte. Ich hoffe, ich konnte ihm zeigen, dass ich seinen Stolz hundertmal mehr verdient habe, als wenn ich dem Pfad gefolgt wäre, den er für mich vorgezeichnet hatte.

Ich habe viel über Veränderung nachgedacht. Im Kampf gegen staatliche Korruption, gegen Rassismus, Diktaturen oder brutale Regimes wie das der Taliban braucht es manchmal einen öffentlichen Aufschrei, einen wütenden Protest, so wie die gewaltigen Aufmärsche eines Martin Luther King Jr., die mächtigen Frauenstimmen der #MeToo-Bewegung oder Malalas lautstarkes Eintreten für Mädchenbildung. Aber der gesellschaftliche Wandel, den ich zu jener Zeit in meinem Leben herbeiführen wollte – einen Wandel hin zur Gleichberechtigung der Frau –, musste zuallererst aus mir selbst kommen.

Sobald ich diese Veränderung durchlaufen hatte – was leichter wurde, als ich in Spal Bandai lebte, wo Frauen mehr Freiheiten genossen als in meinem Heimatort –, wollte ich auch andere dazu einladen, sich mir anzuschließen, und zwar nicht durch Zwang, sondern indem ich ihnen ein Vorbild war. Ich muss instinktiv gewusst haben, dass es nichts bringen würde, einfach nach Barkana zurückzukehren und die dortige Lebensweise der Menschen pauschal zu verurteilen. Ich konnte mich nicht in das Lehmhaus stellen, in dem meine Schwestern und Cousinen noch immer den Reis wuschen, und feurige Reden über die Emanzipation der Frau oder die Verwerflichkeit des Patriarchats schwingen. Nicht ein einziges Mal dachte ich daran, meinem Umfeld einen abrupten sozialen Wandel aufzuzwingen. Ich wollte anders leben als mein Volk, und letzten Endes wünschte ich mir auch, dass mein Volk anders lebte. Aber ich wollte keine Revolution anzetteln.

Auch mein eigenes Umdenken hatte sich nicht auf einen Schlag vollzogen, sondern schrittweise. Der Angriff auf meine Cousine war nicht die einzige Gewalttat gegen Frauen, die ich miterlebte. In unserem Dorf geschah ein Ehrenmord, bei dem ein junges Mädchen von ihren männlichen Verwandten vergiftet und erdrosselt wurde, weil sie einen Jungen liebte, den die Familie nicht für sie ausgesucht hatte. Als die Mutter nach dem Tod ihrer Tochter unter deren Lieblingsbaum Trost suchte, fällten die Männer ihn kurzerhand. Sein kräftiger Stamm und seine Zweige waren in ihrer Lebendigkeit eine unerwünschte Erinnerung an das Mädchen und seinen Ungehorsam. Können Sie sich vorstellen, wie es ist, die eigene Tochter zu verlieren und dann auch noch mit ansehen zu müssen, wie das Einzige, das einem in der Trauer ein klein wenig Trost spendet, zerstört wird?

Ich hingegen hatte das große Glück, die Liebe zu entdecken, in meiner Ehe und als Vater.

Meine erste Erinnerung an meine Frau Tor Pekai stammt aus der Zeit, als ich etwa sechzehn Jahre alt war. Ihre Familie lebte in

Karshat, einem Nachbardorf von Barkana. Ihr Vater war der beste Freund meines Onkels. Ich durfte nicht mit Tor Pekai sprechen, aber wann immer sie im Haus meines Onkels zu Besuch war, bewunderte ich ihr zartes Gesicht, ihre grünen Augen und ihre helle Haut, die bei den Paschtunen als Zeichen von Schönheit gilt. Die Anziehung beruhte auf Gegenseitigkeit, auch wenn Tor Pekai sich damals nichts anmerken ließ. Damit hätte sie große Schande über ihre Familie gebracht, da eheliche Verbindungen grundsätzlich von den Älteren arrangiert werden mussten. Niemals ging die Initiative vom zukünftigen Brautpaar selbst aus.

Ich hielt mich nach wie vor für hässlich, war aber im Dorf als klug und fleißig bekannt. Pekai – alle nannten sie nur Pekai – erzählte mir später, dass meine Bildung ihr wichtiger gewesen sei als mein Aussehen. Sie selbst hatte im Alter von sechs Jahren begonnen, zur Schule zu gehen, und bereits nach wenigen Tagen wieder damit aufgehört. Ihre Schulbücher hatte sie für neun *annas** verkauft und sich von dem Erlös Bonbons gegönnt. Sie war das einzige Mädchen in der Klasse gewesen, und ihre Freundinnen fehlten ihr so schmerzlich, dass sie es einfach nicht ausgehalten hatte. Später war sie zu alt, um zum Unterricht zurückzukehren. Sie tropfte Tinte über ihre Kleider, um den Eindruck zu erwecken, dass sie noch zur Schule ging.

Pekai schätzte gerade das an mir, was ihr dem eigenen Empfinden nach fehlte: Bildung. Und ich wiederum fand in ihr die Schönheit, an der es mir mangelte. Schon bald nach unserer Eheschließung durfte ich feststellen, dass ihre Schönheit sich längst nicht auf ihr Äußeres beschränkte.

Ich erinnere mich noch, wie ich eines Nachmittags, nachdem ich

* Bis 1961 war die Pakistanische Rupie in *annas* unterteilt, ein anna entspricht dabei 1/16 einer Rupie.

mit meinen Büchern auf der Wiese gelegen und gelernt hatte, nach Hause ging und eine große Gruppe lachender Mädchen in meine Richtung kommen sah. Fast vollständig hinter ihren Schleiern verborgen, waren sie wie ein Schwarm wunderschöner bunter Fische, die auf mich zuschwammen. Instinktiv wusste ich, dass Pekai unter ihnen war, und mein Herz begann höher zu schlagen. Ich war mit dem alten Mann unterwegs, der meinem Bruder bei der Versorgung der Büffel half. »Schnell«, sagte ich zu ihm. »Geben Sie mir einen Spiegel!« Er reichte mir seine Schnupftabakdose, und ich benutzte den blanken Deckel, um mir hastig die Haare glatt zu streichen. Als sie an mir vorbeiging, hob Pekai den Blick und grüßte mich. *»Pakhair raghlay«*, sagte sie. Ich war im siebten Himmel. Auf offener Straße einen Jungen zu grüßen war nicht ungefährlich für ein Mädchen. Jahre später gestand sie mir, dass sie im Näherkommen zu ihren Freundinnen gesagt habe: »Ich mach's. Ich grüße ihn.« Ihre Freundinnen hätten sie davon abhalten wollen. »Nein, Pekai, nicht«, hätten sie gesagt. »Das darfst du nicht tun. Das ist unehrenhaft.«

Rückblickend denke ich, dass es solche Kleinigkeiten waren, die Pekai schon damals aus der Masse herausstechen ließen. Trotzdem gab es natürlich Einschränkungen. Einige Zeit später schickte ich ihr ein Foto von mir, und sie schickte es postwendend wieder zurück. Die Botschaft war unmissverständlich: Ich hatte eine Grenze überschritten. Sie durfte nicht riskieren, mit dem Bild eines Jungen erwischt zu werden. Wir mussten unsere Zuneigung auf diskretere Weise zum Ausdruck bringen. So gab ich beispielsweise ihrem Neffen Nachhilfeunterricht, und manchmal, wenn ich sein Lehrbuch aufschlug, sah ich, dass jemand eine kleine Notiz oder ein Zeichen hineingemalt hatte. »Wer war das?«, fragte ich ihn dann, und wenn er antwortete: »Tor Pekai«, machte mein Herz vor Freude einen Satz in meiner Brust. Ich wusste, dass diese kleinen Bildchen für mich bestimmt waren. Sie wollte, dass ich sie sah. Manchmal war ich so verzweifelt, weil ich nicht mit ihr sprechen konnte, dass ich auf der Wiese saß und mich mit den Steinen unterhielt, wobei ich so tat, als rede ich in Wirklichkeit mir ihr und könnte ihr endlich all das sagen, was ich für sie empfand.

Meine Mutter fand kurz vor ihrem Tod heraus, dass ich unglücklich in Tor Pekai verliebt war. Ich weiß noch, wie sie lächelte.

In unserer Gesellschaft müssen Ehen arrangiert werden, und beide beteiligten Familien müssen der Verbindung zustimmen. Das ist oft wichtiger als der Wille der Braut. Zu meiner Jugendzeit in Nordpakistan mussten Mädchen schon sehr mutig sein, um sich dem Willen ihrer Väter und ihrer Brüder zu widersetzen. Das war bei Tor Pekai und mir nicht der Fall. Unsere Ehe wurde mit Einverständnis unserer Familien geschlossen, doch in unseren Augen war es trotzdem eine Liebesheirat, weil wir nichts sehnlicher wollten, als zusammen zu sein. Malala bringt uns beim Thema Heiraten oft zum Lachen. »Klar, Aba«, sagt sie. »Ich werde später auch mal eine arrangierte Ehe haben – allerdings werde ich sie selbst arrangieren.« Ich glaube, Pekai war auch so, wenigstens im Herzen. Als junges Mädchen rannte sie, wenn im Ort die Nachricht umging, dass die Frau eines Mannes gestorben war und dieser, ähnlich wie mein Vater, nach einer neuen Braut Ausschau hielt, immer ganz schnell nach Hause und tat ihre Meinung dazu kund, damit ihre Familie gar nicht erst auf die Idee kam, sie mit einem alten Witwer zu verheiraten.

Ich heiratete Tor Pekai, als ich vierundzwanzig Jahre alt war. Sie weiß nicht genau, wann sie geboren wurde, denn die Geburten von Mädchen wurden damals nicht schriftlich festgehalten, aber wir schätzen, dass sie ungefähr so alt sein muss wie ich. Unsere Verlobungszeit dauerte drei lange Jahre voller Qualen. Während ich auf dem College war und erst für meinen Bachelor, dann für meinen

Master studierte, durfte ich nicht einmal ihr Foto an meine Brust drücken, um ihre Ehre nicht zu beschmutzen. Also nahm ich ein Foto von Selma Agha, einer berühmten Sängerin und Schauspielerin, von der ich fand, dass sie eine gewisse Ähnlichkeit mit Pekai hatte. Von Zeit zu Zeit holte ich das Foto hervor, um nicht zu vergessen, dass Pekai in Karshat auf mich wartete.

In unserer Ehe sind wir perfekt aufeinander eingestimmt. Von Beginn an glaubte Pekai leidenschaftlich an dieselben Dinge wie ich: daran, anderen Menschen zu helfen, der Gemeinschaft zu dienen und Mädchen den Schulbesuch zu ermöglichen.

Meine Frau ist stark, humorvoll und weise, selbst wenn sie infolge der gesellschaftlichen Normen zu Beginn unserer Ehe weder lesen noch schreiben konnte. Und ich hatte sie allein aufgrund ihrer Schönheit ausgewählt! Als später Malala zur Welt kam, dachte ich bei mir: »Was habe ich nur für wundervolle Frauen in meinem Leben!« Meine Liebe für sie war stark genug, um Berge zu versetzen. Ich erkläre es den Leuten so: Dadurch, dass ich die grundlegenden Prinzipien der Geschlechtergleichheit auf meine eigene Familie anwandte, veränderte sich mein Leben. Das Leben meiner Frau veränderte sich. Das Leben meiner Tochter veränderte sich. Das Leben meiner Söhne veränderte sich, und ich kann mit absoluter Aufrichtigkeit sagen, dass sich auch das Leben meines Vaters in seinen letzten Jahren bis zu seinem Tod im Jahr 2007 dadurch veränderte. Gemeinsam haben wir Yousafzais das Patriarchat im Swat-Fluss ertränkt, und das hat uns allen großes Glück gebracht.

Eine zweite Chance

Alles, was mein Vater brauchte, um seine Ansichten über Mädchen zu ändern, war eine Inspiration, ein Funke, der die Güte und Reinheit in seinem Herzen entfachte. Diese Inspiration war Malala. Ich sage zu ihr: »*Jani*, du hast wirklich Glück. Du hattest vom ersten Tag an eine ganz besondere Ausstrahlung.«

Als Malala am 12. Juli 1997 geboren wurde, zehn Jahre vor dem Tod meines Vaters, lebten Tor Pekai und ich in Mingora, der größten Stadt im Swat-Tal.

Unsere Familien wussten, dass Tor Pekai und ich unser Leben anders gestalteten als sie. In unserer Verwandtschaft waren wir das liberalste, progressivste und aufgeklärteste Paar. Tor Pekai genoss eine Bewegungsfreiheit, wie sie keiner anderen Frau in unserem erweiterten Familienkreis zuteilwurde. Wir beide wurden dafür oft kritisiert, doch mit der Zeit begannen mein Vater und auch Tor Pekais Familie unsere Lebensweise zu tolerieren. Anfangs konnte niemand verstehen, weshalb ich meine Frau dazu ermunterte, allein in die Stadt zu gehen. Sie ging ins Krankenhaus, zum Arzt, zum Basar – alles ohne einen männlichen Begleiter. Wenn meine Freunde zu uns nach Hause kamen, verlangte ich nicht von ihr, dass sie ihr Gesicht verhüllte – ehrlich gesagt, wollte ich es nicht einmal. Dieses Abweichen von *purdah* galt in unseren Familien nicht als normales oder akzeptables Verhalten. Aber ich blieb standhaft. Später, als Malala allmählich in ganz Pakistan bekannt wurde, war es gerade dieser Aspekt unseres Lebens, für den Freunde und Familie uns besonders respektierten. Doch bis dorthin war es ein langer Weg. Ich bin stolz, dass wir dem Druck nicht nachgegeben haben.

Als Malala zur Welt kam, war ich längst nicht mehr derselbe Mann wie früher. Auch Pekai hatte dazu beigetragen. Umso schockierender war es für mich, dass mein Vater sich weigerte, Malalas

Geburt gebührend zu feiern. Wir hatten damals kein Geld, und weil sie ein Mädchen war, lehnte er es ab, für die *woma* aufzukommen, das große Fest zur Geburt eines Babys, bei dem die ganze Verwandtschaft zu Ziegenfleisch und Reis eingeladen wird. Ich selbst verdiente als Lehrer kaum genug, um uns von einen Tag auf den anderen zu ernähren. Also bekam Malala keine *woma*. In den Augen meines Vaters hatte der Fluch unseres Herbsthauses wieder zugeschlagen – dasselbe Problem, nur in einer anderen Generation und an einem anderen Ort. Aber Malala würde bei ihm noch für tiefgreifende Veränderungen sorgen.

Schon als Säugling hatte sie das, was ich als ihr »Magnetfeld« bezeichne. Die Nachbarn stritten sich darum, wer sie halten durfte, und als Tor Pekai mit ihr nach Karshat fuhr, beobachteten Malalas Urgroßmutter und ihre Großtanten die Kleine wie gebannt, während sie bei Tor Pekai auf dem Schoß saß. »Das scheint mir aber ein ganz besonderes Kind zu sein, Pekai.« »Was macht sie denn da mit den Fingerchen? Das sieht ja so aus, als würde sie zählen?« Jede der alten Frauen wollte sie auf den Arm nehmen.

Mein Vater war nicht anders. Auch er konnte sich Malalas besonderer Kraft nicht entziehen. Ich stelle mir gern vor, dass Malala damit zum allerersten Mal zeigte, wie viel Einfluss sie auf andere auswirkt; dass sie bereits als Baby so mächtig war, dass niemand sie ignorieren konnte – nicht einmal Menschen, die dazu erzogen worden waren, Mädchen keines Blickes zu würdigen. Ich glaube, dass gesellschaftliche Normen Fesseln sind, die uns zu Sklaven machen. Wir haben uns in unserem Sklavendasein eingerichtet, und wenn wir irgendwann die Fesseln sprengen, ist das Gefühl der Freiheit zunächst ein Schock. Doch je mehr wir diese Freiheit erkunden, desto stärker spüren wir in unserer Seele, was für ein großes Geschenk sie ist.

Genau das geschah mit meinem Vater. An den Eid-Feiertagen

fuhren wir immer nach Barkana, um ihn und meine zweite Mutter zu besuchen. Anfangs waren wir nur zu dritt, Tor Pekai, Malala und ich; dann kam Khushal dazu, und schließlich, kurz vor dem Tod meines Vaters, machte Atal unsere Familie komplett. In unseren besten Kleidern und beladen mit Tüten und Geschenken, nahmen wir einen der bunten Busse der *Flying Coaches* und fuhren in die Heimat. Während unseres Aufenthalts in Karshat mussten Malala und Tor Pekai, wenn sie nicht gerade den Männern und Jungen ihr Essen oder Trinken servierten, in den Frauengemächern bleiben – so wie ich es von früher her kannte. Doch wenn mein Vater und meine zweite Mutter (ich nannte sie von Anfang an *Khaista Bibi*) uns in Mingora besuchten, sahen wir deutlich die Veränderung bei ihm. Dann war er zu Gast in meinem Haus, in dem meine Regeln galten, und er passte sich bereitwillig an unsere Lebensweise an. Ich glaube, er merkte, wie schön es war, dass wir alle gemeinsam aßen, gemeinsam spazieren gingen und ein erfülltes Familienleben hatten. Er sah, dass diese Art zu leben und zu lieben für uns alle eine Bereicherung darstellte, weil sie so viel Freude in unser Haus brachte. Männern, die einer Lebensweise verhaftet sind, welche Frauen nicht wertschätzt, möchte ich oft sagen: »Habt ihr eine Vorstellung davon, wie viel Freude und Glück ihr euch selbst schenken könntet, indem ihr das ändert?«

Mein Vater hatte noch nie im Leben mit einer Frau zusammen an einem Tisch gegessen, aber in Mingora nahmen wir sämtliche Mahlzeiten gemeinsam ein. Tor Pekai erwies meinem Vater nach wie vor jeden Respekt und löste ihm sogar den Fisch von den Gräten, damit er sich nicht selbst bemühen musste. »Ich werde für dich beten«, sagte er voller Dankbarkeit zu ihr.

Als ich mich in Mingora politisch zu engagieren begann, war ich manchmal zum Essen nicht zu Hause; dann aß mein Vater allein mit den Frauen und unterhielt sich mit ihnen.

Je älter Malala wurde, desto deutlicher trat ihre Persönlichkeit zutage – sie war klug, meinungsstark und redegewandt. In der Schule erbrachte sie herausragende Leistungen. Mein Vater freute sich ungemein über ihre akademischen Erfolge und staunte, wie gut seine kleine Enkeltochter in allem war. Sie besaß auch ein beeindruckendes Wissen über den Islam und den Heiligen Koran. Oft sang er: »Hier ist Malala. Sie ist wie Malalai von Maiwand. Aber sie ist das glücklichste Mädchen der Welt.«

Mein Vater sah Malalas besondere Eigenschaften. Er sah auch, wie sehr sie von uns geachtet und geliebt wurde, und deshalb erkannte er irgendwann, dass ein Mädchen genauso viel wert ist wie ein Junge.

Als Malala bei einem Redewettbewerb an ihrer Schule einmal den zweiten Platz errang, wollte er wissen, warum seine brillante Enkeltochter denn nicht den ersten Preis gewonnen habe. Er setzte hohe Erwartungen und Hoffnungen in sie – eine Erfahrung, die für ihn als Vater von fünf Mädchen, an die er nie irgendwelche Erwartungen gehabt hatte, vollkommen neu war. Und weil er Malala von Herzen gernhatte und ihr mit großer Zuneigung begegnete, liebte Malala ihn ebenso und bereicherte mit dieser Liebe sein Leben.

Dieser Kreislauf des Guten prägte das letzte Lebensjahrzehnt meines Vaters. Wann immer er uns in Mingora besuchen kam, picknickten wir gemeinsam am Ufer des Flusses Swat, der einer der schönsten Flüsse ist, die ich je gesehen habe. Langsam und gemächlich fließt er vom oberen in das untere Swat-Tal, und sein Wasser ist kristallklar, ein Funkeln aus Weiß und Blau. In der Ferne sieht man die Gipfel des Hindukusch bis in die Wolken ragen, und am Ufer entlang ziehen sich üppig grüne Wiesen, gesäumt von Bäumen, Wildblumen und den steinernen Statuen uralter Gottheiten, die letzten Überreste der buddhistischen Klöster, die einst dort gestanden hatten. Wenn ich die Augen schließe, stehe ich wieder an diesem Flussufer. Ich spüre das Glück von damals, und die Luft ist erfüllt vom Geruch der Reispflanzen auf den nahe gelegenen Feldern.

Am Flussufer wimmelte es immer von Familien, die nach der langen Arbeitswoche den Beginn des Wochenendes feierten. Von unserem Haus waren es nur etwa zwei Meilen bis zum Fluss, aber mit drei Generationen konnten wir unmöglich zu Fuß gehen. Also nahmen wir, beladen mit Töpfen voller Hühnchen, Fisch und Reis, eine Rikscha oder einen Minibus. Zu siebt – meine eigene fünfköpfige Familie, meine Mutter und mein Vater – überquerten wir den Fluss in einem Fahrkorb und ließen uns auf der anderen Seite nieder, wo das Gras grün und saftig war. Malala und die Jungen planschten im Wasser oder spielten Ball, und mein Vater saß neben uns im Gras. Manchmal rollte er den Gebetsteppich aus, manchmal betete er auf der grünen Wiese. Oft blieben wir stundenlang, bis die Sonne hinter die Berge sank und den Himmel in Purpur tauchte. Es war eine so erhabene, so romantische Stimmung, dass ich das Gefühl hatte, der glücklichste Mann auf der Welt zu sein, weil wir hier leben durften, an diesem ganz besonderen, gesegneten Flecken der Erde, mitten im Schoß der Schönheit, wo wir uns liebten und von der Natur geliebt wurden. Bevor die Taliban kamen und unsere herrliche Heimat bedrohten – zunächst schleichend und ab 2007, dem Todesjahr meines Vaters, schließlich mit Gewalt –, stand ich oft am Fluss und rief: »Ach, die Welt ist so schön!«

Am Ufer des Swat waren wir alle gleich. Der Umzug in die Stadt Mingora hatte mich gesellschaftlich, kulturell und intellektuell wachsen lassen. Wenn ich jetzt auf jene Zeit zurückblicke, denke ich daran, wie wir zusammen am Ufer standen. Ich denke daran, wie Malala meinem Vater die Augen geöffnet und ihm gezeigt hat, dass auch Mädchen und Frauen etwas bewegen können. Seine Enkeltochter aufwachsen zu sehen führte bei ihm zu der Erkenntnis, dass auch Mädchen es wert waren, Aufmerksamkeit und Unterstützung zu bekommen, und diese Erfahrung bewog ihn dazu, sich unserem Weg anzuschließen. Er sah, dass ich Träume für die Zukunft meiner Tochter hatte, und irgendwann wurden diese Träume auch zu seinen Träumen, sodass wir zum Ende seines Lebens hin gemeinsam träumen konnten.

SÖHNE

Die Drachenkämpfer

Als Khushal und Atal noch jung waren, kletterten sie oft auf das Dach unseres angemieteten Hauses in Mingora und ließen ihre Drachen steigen. An manchen Tagen waren so viele Jungen dort oben, die laut rufend umherrannten und versuchten, den Wind einzufangen, während sie mit geschickten Händen die Drachenschnüre lenkten, dass unser Himmel mit den Gebirgszügen in der Ferne aussah wie ein wunderschöner bunter, flatternder Flickenteppich.

Das gemeinsame Drachensteigenlassen schuf eine enge Bindung zwischen Malalas Brüdern, so wie es bei zahlreichen Jungen in Pakistan, Afghanistan und Indien der Fall ist. Mittlerweile lebe ich in einem Land, in dem das Drachensteigenlassen kein Nationalsport ist, und ich stelle mir vor, wie frei sich meine beiden Jungs gefühlt haben müssen, wenn sie oben auf dem Dach standen, die Sonne langsam tiefer sank und sie darauf warteten, dass der Wind auffrischte. Es war ihnen wichtig, stets die besten Böen zu erwischen. Ihr ganzes Denken kreiste allein darum, wie stark der Wind war und wie hoch hinaus er ihre Drachen tragen würde.

Sie arbeiteten häufig im Team. Atal hielt den Drachen, während Khushal sich mit der Schnur in der Hand so weit wie möglich entfernte, seinem Bruder im entscheidenden Moment die Anweisung zum Loslassen gab und dann losrannte, damit der Wind den Drachen erfassen konnte.

Am meisten begeisterten sie sich für Drachenkämpfe. Dabei traten sie immer zu zweit gegen eine andere Jungenmannschaft an, wobei jedes Team versuchte, den Drachen der Gegner durch gekonnte Lenkmanöver, die ein Verheddern oder Zerreißen der Schnüre zur Folge hatten, vom Himmel zu holen.

Unsere Drachen sind anders als die Drachen in Europa – die Schnüre bestehen nicht einfach nur aus Baumwolle, sondern sind mit einer Schicht aus zerstoßenem Glas oder Metall ummantelt, damit sie die Schnüre der anderen Drachen durchschneiden können. Früher gab es in Pakistan unzählige öffentliche Drachenwettkämpfe, bis sie irgendwann aus Sicherheitsgründen verboten wurden, weil es Berichte gegeben hatte, dass Zuschauer durch herabfallende Schnüre verletzt worden waren.

Für die Jungen war es ein harmloser, wenngleich extrem wettbewerbsorientierter Sport. Ich selbst hatte als Kind nur sehr selten Drachen steigen lassen, deshalb verstand ich nichts von der Geschicklichkeit, die für solche Drachenkämpfe nötig war. Khushal ging völlig darin auf. An manchen Tagen verbrachte er Stunden auf dem Dach und versuchte seinen Drachen höher steigen zu lassen als die Drachen all seiner Freunde oder diese sogar zum Absturz zu bringen. Von der Sonne wurde seine Haut dunkel wie Schokolade, und Tor Pekai machte sich stets Sorgen, dass er nicht genug trank. Doch keine Gesundheitsbedenken und kein Murren wegen vernachlässigter Schularbeiten vermochten die Jungen vom Dach fernzuhalten. Manchmal kamen sie lachend und jubelnd, den Drachen eines gegnerischen Teams in der Hand schwenkend, zur Tür hereingestürmt. Einen fremden Drachen zu erobern, ihn durch die Straßen von Mingora zu jagen, ihn schließlich zu fangen und als Trophäe mit nach Hause zu bringen – das war der ultimative Triumph.

Malalas Konkurrenzbewusstsein zeigte sich darin, dass sie in der Schule immer die Klassenbeste sein wollte; für die Jungs drehte sich alles um Drachen.

Meine Söhne waren in Mingora genauso glücklich wie ich. Als jungem Mann, dem langsam klar wurde, wie er sein Leben gestalten wollte, hat das Swat-Tal mit all seiner Schönheit mir unheimlich viel gegeben. Vor allem hat es mir geholfen, zu mir selbst zu finden. Zunächst in Spal Bandai und später in Mingora, nach meiner Hochzeit mit Tor Pekai, fand ich Menschen, mit denen ich mich über Politik austauschen und Gedichte schreiben konnte. Als Tor Pekai und ich dann eine Familie gründeten, war die Schönheit der Welt um uns herum wie ein Spiegel der Liebe, die in unseren vier Wänden herrschte.

Ich möchte behaupten, dass Familien auf ihre jeweils eigene Weise so etwas wie Institutionen sind – private, informelle Institutionen. Wir alle vertreten bestimmte Werte, wie sehr sie sich auch im Einzelnen voneinander unterscheiden mögen. Diese Werte werden nicht als Stichpunktlisten oder Tabellen an die Wände gehängt. Manchmal werden sie ausgesprochen, manchmal auch nicht, aber in jedem Fall erfüllen sie das Haus, sie bestimmen das Klima, und als Eltern hoffen wir natürlich, dass unsere Kinder sie annehmen und nach ihnen leben.

Als Vater einer Tochter und zweier Söhne war es mir vor allem wichtig, dass unsere Familie an Gleichberechtigung glaubte. Wir schrieben nicht an die Wand: »Frauen und Männer sind gleich erschaffen und haben jederzeit das Recht, offen ihre Meinung zu sagen.« Wir verkörperten diese Werte in unserem Zusammenleben.

In diesem Sinne war ich fest entschlossen, meine beiden Jungen, deren Geburt im Gegensatz zu Malalas von unserer Verwandtschaft und der Allgemeinheit ausgiebig zelebriert worden war, nicht anders zu behandeln als ihre Schwester. In unserer Familie sollte keins der drei Kinder das Gefühl haben, dem anderen Geschlecht gegenüber benachteiligt zu sein.

Darüber hinaus wünschte ich mir, dass alle Mitglieder meiner Familie wussten, dass sie sich jederzeit frei äußern durften. Von meinem Vater hatte ich gelernt, ein Kind, das etwas auf dem Herzen hat oder eine besondere Idee mitteilen möchte, nicht unter Druck zu setzen.

Aber wie sollte ich diese neuen Werte in einer patriarchalischen Gesellschaft aufrechterhalten, in der meine Söhne auf allen Seiten von Jungen und Männern umgeben waren, die eine vollkommen andere, traditionelle Erziehung erhalten hatten?

Ich dachte mir: »Wenn meine Söhne sehen, dass ich mich auf eine bestimmte Art und Weise verhalte, dann werden sie dieses Verhalten als normal betrachten.« Wenn sie tagtäglich miterlebten, wie ihre Mutter allein zum Basar ging, dass ihre Stimme in der Familie genauso viel Gewicht hatte wie meine, dass ich sie als Mensch respektierte und liebte, nicht etwa weil sie mich bediente, und dass auch Malala als Mädchen alle Möglichkeiten offenstanden – würden sie dann nicht automatisch einen ähnlichen Weg einschlagen?

Ich glaube, dass Kinder das lernen, was wir ihnen vorleben, nicht das, was wir ihnen vorschreiben. Deshalb mussten Tor Pekai und ich mit gutem Beispiel vorangehen. Wenn Khushal und Atal sahen, dass ich ihre Mutter und ihre Schwester mit Respekt behandelte und sie als ebenbürtig betrachtete, würde das dazu beitragen, dass sie zu Männern heranwuchsen, die in der nächsten Generation dieselben Werte vertraten. So entsteht gesellschaftlicher Wandel. Er beginnt bei einem selbst.

Vermutlich wäre es auch kontraproduktiv gewesen, meinen beiden Jungs ständig einzuprägen: »Wir sind alle Menschen, es gibt keinen Unterschied zwischen den Geschlechtern. Niemand ist mehr oder weniger wert, wir sind alle gleich«, wenn sie doch in Wahrheit nichts anderes im Kopf hatten, als ihre Drachen steigen zu lassen.

Ich sagte ihnen nie, dass Malala die gleiche Behandlung verdient hatte wie sie. Ich lebte es ihnen einfach vor. Ich tat das, woran ich glaubte. Das ist immer ein guter Anfang.

»Ziauddin«, sagte ich mir, »du musst ihnen keine Vorträge halten. Leb einfach dein normales Leben. Schenk ihnen deine Liebe. Schenk ihnen deine Liebe.«

Denn Liebe ist am Ende nichts anderes als Freiheit. Liebe ist Achtung. Liebe ist Gleichberechtigung. Liebe ist Gerechtigkeit. »Liebe deine Frau«, sagte ich mir, »und nimm ihre Liebe an. Deine Kinder werden sich das zum Vorbild nehmen.« Daran hielt ich eisern fest, auch als die Taliban in unser Tal einfielen und unsere Welt mit Furcht und Hass überzogen.

Der geraubte Pokal

Als Familie erlebten wir zehn Jahre ungetrübten Glücks, angefangen mit Malalas Geburt 1997, gefolgt von Khushals im Jahr 2000 und Atals im Jahr 2004. Dies war die Zeit der Picknicke mit meinem Vater am Swat-Fluss, bei denen wir unbeschwert zusammensaßen, lachten und Scherze miteinander trieben. Tor Pekai unterhielt uns, indem sie verschiedene Leute nachahmte. Sie war schon immer eine großartige Imitatorin gewesen und hatte als eins der lebhaftesten, lustigsten Kinder in Karshat gegolten. Ihr trockener, scharfzüngiger Humor und ihre unverblümte Art hatten im Laufe der Jahre nicht nachgelassen, und für die Kinder bildeten sie einen wohltuenden Kontrast zu mir. Ich las immer noch gern Gedichte und sah die Welt durch eine weitaus weniger realistische Brille als ihre Mutter.

Mit der Leitung der von mir gegründeten Khushal-Schule hatte ich viel zu tun. Zu dem Zeitpunkt warf sie bereits Gewinn ab und wurde von zahlreichen Mädchen besucht, die ich genauso wie Malala zu Leistung und Ehrgeiz anspornen wollte. Sie sollten lernen, an sich zu glauben. Ich ging gern von Klasse zu Klasse, unterhielt mich mit den Kindern über Lyrik oder hörte ihnen zu, wenn sie aus ihrem Alltag erzählten und mir berichteten, ob sie von ihren Eltern beim Lernen unterstützt wurden. Ich engagierte mich auch für die Stadt und saß in mehreren Räten und politischen Vereinigungen. Das Leben war schön.

Khushal und Atal waren anders als Malala. Malala war ein sehr fleißiges Kind. Schon als sie noch klein war, trieb sie sich am liebsten in den Klassenzimmern herum, und sobald sie selbst in die Schule kam, kannte ihr Lerneifer praktisch keine Grenzen mehr. Sie war fast immer von Büchern umgeben.

Ihre akademischen Leistungen waren nur schwer zu überbieten. Wann immer es einen Pokal oder eine Auszeichnung zu gewinnen gab, war sie ganz vorn mit dabei. Das Bildungssystem in Pakistan ist stark von Wettbewerben geprägt. Schon bei kleinen Kindern wird sehr viel Wert darauf gelegt, dass sie sich im akademischen Wettstreit miteinander messen. Das kann mitunter eine Menge Stress bedeuten, wie ich noch aus meiner eigenen Kindheit wusste.

Ich hatte nie den Anspruch, dass meine Kinder überall die Besten sein mussten, obwohl es mich zugegebenermaßen freute, wenn es so war. Ich setzte sie in keiner Weise unter Druck. Mir war nur wichtig, dass sie sich anstrengten. »Es spielt keine Rolle, ob du Erster, Zweiter oder Dritter wirst. Das ist überhaupt nicht von Bedeutung, solange du dich bemüht hast.«

Alle drei gingen auf meine Schule, was bedeutete, dass ich ihre Erfolge und Misserfolge hautnah miterlebte – wobei Malala für gewöhnlich nicht viele Misserfolge vorzuweisen hatte. Sie war fast immer Klassenbeste oder zumindest Zweitbeste. Sie behandelte ihre Testbögen und Schulbücher mit größter Sorgfalt, schrieb sich alles ganz genau auf, war immer sauber und ordentlich. Nichts ging verloren. In der Hinsicht kam sie sehr nach meinem Vater.

Die Jungen brauchten etwas mehr Unterstützung. Einmal, während einer Schulversammlung, sah ich, wie Atal Tränen über die Wangen liefen, weil die Auszeichnung, auf die er sich Hoffnungen gemacht hatte, an den Jungen neben ihm ging. Selbst danach im Unterricht war er noch so traurig, dass sein Lehrer mir Bescheid sagte, damit ich kam und ihn tröstete.

Obwohl ihre Noten nicht so gut waren wie Malalas, sollten Khushal und Atal nie daran zweifeln, dass ich sie liebte. Ich wollte nicht, dass sie sich wertlos oder zurückgesetzt fühlten, so wie es mir während meiner Schulzeit oft ergangen war – ich, der arme Stotterer in einem Klassenraum voller reicher Mitschüler, die allein aufgrund ihres sozialen Standes bevorzugt wurden. Aber ich war nicht nur Vater, sondern zugleich auch Lehrer und Schulleiter. Ich liebte das Lernen aus tiefstem Herzen. Ich hatte mir damals die Aufmerksamkeit meiner Lehrer durch Leistung erkämpft. Bildung war meine Rettung gewesen. Meine Jungs hingegen wollten in erster Linie Kricket spielen und aufs Dach klettern, um ihre Drachen steigen zu lassen. Schulische Dinge interessierten sie nicht besonders.

Als er noch klein war, hatte Khushal einige gesundheitliche Probleme, die Tor Pekai sehr beschäftigten. Zur selben Zeit traten Malalas Stärken immer deutlicher zutage. Atal war von Geburt an ein munteres und geselliges Kind und ist bis zum heutigen Tag ein fröhlicher, immer gut aufgelegter, kluger Junge.

Khushal war bisweilen schwierig. Mittlerweile ist er achtzehn, und unser Verhältnis ist liebevoller und unbeschwerter denn je. Doch das war nicht immer so.

Eine Zeit lang lag ich ihm ständig in den Ohren, er solle mehr lesen. »Khushal, ich träume davon, wie ich nach Hause komme und du ausnahmsweise mal ein Buch vor der Nase hast. Du liest nie«, machte ich meinem Ärger Luft, wenn er mal wieder fernsah oder auf seinem kleinen Computer spielte oder wenn Tor Pekai mir beim Heimkommen mitteilte, dass er stundenlang auf dem Dach gestanden und mit seinem Drachen gespielt habe, ohne etwas zu trinken mitzunehmen.

Eines Nachmittags nach Schulschluss – in Pakistan ist der Unterricht früh zu Ende, ein Umstand, der den Jungen jetzt, wo sie in England zur Schule gehen, ziemlichen Verdruss bereitet – kam Tor Pekai ins Zimmer und sah Khushal mit einem Buch in der Hand auf dem Sofa sitzen. Um ihn herum lagen weitere Bücher. Ein großes Ereignis! »Khushal!«, rief sie. »Du liest ein Buch?«

Woraufhin er antwortete: »Nein, ich lese nicht, ich erfülle lediglich den sehnlichsten Wunsch meines Vaters.« Als Tor Pekai mir davon erzählte, musste ich lachen. Ich freute mich über Khushals schlagfertige Erwiderung, selbst wenn sie auf meine Kosten ging.

Aber diese Geschichte enthält zugleich auch eine wichtige Botschaft: Die Träume der Eltern können für Kinder zur Last werden. Ich, der ich mit der ständigen Angst aufgewachsen war, dass es mir womöglich nicht gelingen würde, Arzt zu werden, hätte das eigentlich wissen müssen.

Ich half Khushal und Atal viel häufiger bei den Schulaufgaben, als es bei Malala je notwendig gewesen war, aber das lag auch daran, dass Malala keine Probleme damit hatte, sich selbst zu motivieren. Mit Atal hatte ich großen Erfolg, was das Erlernen der Redekunst anging. Er brillierte in Debattierwettbewerben und ist der geborene Anwalt. Khushal hingegen hatte keinerlei Interesse daran, sich als Redner zu versuchen.

Einmal erfuhr ich, dass Khushal für seine schulischen Leistungen einen Pokal bekommen sollte. Ich rief Tor Pekai an, die zu dem Zeitpunkt gerade mit den Kindern in Shangla war. »Er hat gewonnen!« Wir freuten uns sehr für ihn. Es sollte nicht das letzte Mal gewesen sein, dass Khushal bewies, dass auch er sich zu guten Leistungen anspornen konnte.

Sobald er wieder zu Hause in Mingora war, holte sich Khushal seinen Pokal ab, doch auf dem Nachhauseweg von der Schule riss ein Junge ihm die Trophäe aus der Hand und rannte damit davon. Er tauchte im Gewimmel der belebten Straße unter. Als Khushal zur Haustür hereingestolpert kam, weinte er so heftig, dass Tor Pekai ihm zunächst nicht entlocken konnte, was vorgefallen war. Dann begriff sie: Der Pokal war weg. Sie flog aus dem Haus und lief durch die Straßen auf der Suche nach dem Dieb. Hätte sie ihn aufgespürt, hätte sie den Pokal zurückgeholt, daran habe ich nicht den geringsten Zweifel. Doch sie hatte kein Glück. Khushal war untröstlich.

Als Malala davon hörte, schenkte sie Khushal einen ihrer Pokale und versprach ihm, seinen Namen darauf anzubringen.

Es war eine nette Geste, aber natürlich wollte Khushal seinen eigenen Pokal.

Väter, die vergessen, dass sie Söhne waren

Die gewaltsame Talibanisierung des Swat-Tals begann im Jahr 2007. Ende Dezember 2008 verkündete ihr Anführer *maulana* Fazlullah auf Mullah FM, dem Taliban-eigenen Radiosender, dass vom 15. Januar 2009 an kein Mädchen mehr zur Schule gehen dürfe. Aus Angst lehnten sich die Lehrkräfte nicht dagegen auf.

Meine Söhne waren von diesem Verbot nicht betroffen, aber Malala und alle anderen Schülerinnen meiner Schule würden künftig zu Hause bleiben müssen, wo sie nichts weiter tun konnten, als darauf zu warten, verheiratet zu werden, ein Leben als Dienerinnen ihrer Ehemänner zu führen und hinter einem Schleier zu verschwinden.

Wie sollte ich das ertragen – als Vater eines Mädchens, das das Lernen so sehr liebte und das mir Anreiz und Hilfe gewesen war, ein familiäres Umfeld zu schaffen, in dem Freiheit und Gleichheit die wichtigsten Grundpfeiler waren? Unser Zusammenleben basierte auf fundamentalen Werten: auf Liebe, Güte, gegenseitiger Rücksichtnahme, auf Hilfsbereitschaft, Gleichberechtigung und Gerechtigkeit. Nun wähnte ich mich wieder auf dem Weg zurück in ein Leben wie aus meiner Kindheit, als meine Schwestern ignoriert und missachtet wurden, während man mich, den Jungen, feierte. Schon seit ihrer Geburt habe ich eine besonders innige Verbindung zu Malala, und das Verbot der Taliban bestärkte mich nur noch in meiner Entschlossenheit. Malala war ein Mädchen, das in eine von patriarchalen Regeln dominierte Welt hineingeboren worden war. Deshalb konzentrierte ich mich in meiner Erziehung auch oft mehr auf sie als auf ihre Brüder. Khushal und Atal hatten es leichter, wohingegen Malala von Geburt an mit Vorurteilen konfrontiert war, gegen die es anzukämpfen galt.

Als Khushal und Atal auf die Welt kamen, hatten wir genug

Geld, um uns die *woma*-Feier zu leisten, die Malala seinerzeit verwehrt geblieben war. Doch ich sah nicht ein, weshalb es bei den Jungs anders sein sollte als bei ihr. Also fiel auch für sie diese wichtige Feier aus. Dasselbe galt für die Wiege, in der sie schliefen: Wenn eine gebrauchte Wiege für Malala gut genug gewesen war, dann war sie auch gut genug für meine Söhne. Es war, als hätte ich stets das Gefühl, das in der Gesellschaft herrschende Ungleichgewicht bei uns daheim ausgleichen zu müssen.

Kürzlich allerdings dachte ich bei mir: »Warum habe ich meinen Söhnen diese Feier eigentlich damals nicht gegönnt? Ihre Geburt war doch genauso sehr Anlass zur Freude wie die von Malala.« Die Ungerechtigkeiten, die wir tagtäglich überall erlebten, waren nicht ihre Schuld. Warum also hatten wir nicht gefeiert? Jungen haben auch Bedürfnisse.

Womöglich fällt es mir jetzt leichter, diese Gefühle zuzulassen, weil Malala so bekannt und einflussreich geworden ist. Es stimmt: Man sollte Mädchen nicht dadurch stärken, dass man Jungen herabsetzt. Aufgeklärte, selbstbewusste Jungen, die von ihren Familien Liebe und Unterstützung erfahren, die lernen, sich selbst wie auch ihre Schwestern, ihre Mütter und ihre Klassenkameradinnen zu achten, wachsen zu guten Männern heran und können dabei helfen, Veränderung in die Welt zu tragen. Das Frauenbild, das Khushal und Atal als Kindern vermittelt wurde, ist ausschlaggebend dafür, wie sie sich als Erwachsene Mädchen und Frauen gegenüber verhalten werden.

Doch die Talibanisierung des Swat hatte zur Folge, dass ich all meine Energie dafür aufwandte, unsere Rechte zu verteidigen. Statt die bestehenden Verhältnisse genauer zu analysieren oder gar proaktiv zu handeln, ging es allein darum, die kleinen Fortschritte zu bewahren, die wir bislang für Mädchen erreicht hatten.

Die Taliban waren ein überaus mächtiger Feind. Die Ansichten, die sie in Bezug auf die Schulbildung von Frauen und Mädchen verbreiteten, waren geprägt von Hass und hatten derart katastrophale Auswirkungen auf das Leben unzähliger Mädchen und Frauen, dass ich gar nicht anders konnte, als die Stimme gegen sie zu erheben. Das schweißte Malala und mich noch enger zusammen. Es wurde zu unserer gemeinsamen Mission.

Wir wurden zu Weggefährten in einem Kampf, an dem meine beiden Söhne keinen unmittelbaren Anteil hatten. Wir alle waren vereint in unserem Anliegen, vor allem Tor Pekai, die uns ihren Segen gab und – was noch viel wichtiger war – mit ihrer Weisheit und ihrer großen Ruhe den Rücken stärkte. Aber sie war nicht sichtbar, weil sie aufgrund der Zwänge unserer Kultur gar nicht sichtbar sein konnte. Eine patriarchale Gesellschaft in Kombination mit der Talibanisierung machte Frauen zu Gefangenen ihrer eigenen vier Wände.

Die Jungen waren noch nicht alt genug, um die Tragweite der Geschehnisse in Mingora zu begreifen. Das, was sie verstanden, griffen sie in Rollenspielen auf, die sie auf dem Dach unseres Hauses ausagierten. Sie waren Soldaten mit Gewehren, die versuchten, sich gegenseitig zu erschießen, Taliban gegen Armee. Für sie war es ein harmloser Zeitvertreib, so wie ihre Drachenwettkämpfe.

In der Zeit zwischen 2007 und dem 9. Oktober 2012, dem Tag, an dem das Attentat auf Malala verübt wurde, war ich so mit unserer Kampagne beschäftigt – ich hielt Reden und ging zu Versammlungen, entweder allein oder mit Malala –, dass ich die Jungen manchmal ein wenig vernachlässigte. Selbst wenn die Taliban gerade nicht unsere Schulen in Schutt und Asche legten, Leute auf öffentlichen Plätzen auspeitschten oder meine Freunde ermordeten, waren sie doch immer unter uns, ein Teil unseres täglichen Lebens, eine permanente Bedrohung und Mahnung daran, welches Schicksal jeden von uns ereilen konnte.

Die Schulbildung meiner Söhne lag mir sehr am Herzen, aber anders als bei Malala war sie nicht allein aufgrund ihrer Existenz etwas Bemerkenswertes. Jungen gingen in Pakistan seit Jahrzehnten zur Schule. Also waren es Malala und ich, die sich gemeinsam auf diese Mädchenreise machten, auf eine Art Odyssee. Fünf Jahre lang kämpften wir zusammen für die Bildung von Mädchen in unserem Land, bis zu dem Attentat. Zu dem Zeitpunkt war Malala bereits der einflussreichste Teenager in ganz Pakistan.

Es war während dieser Zeit, dass Khushal einen meiner engen Freunde, Ahmed Shah, beiseitenahm und ihm anvertraute: »Mein Vater kümmert sich viel mehr um Malala als um mich.« Als mein Freund mir davon berichtete, war ich sehr betroffen. Der Schock war umso größer, als mein Verhältnis zu Khushal zu der Zeit eigentlich gut war. Ich zeigte Interesse an seinen Schularbeiten und half ihm beim Lesen.

Eltern versuchen jeden Tag ihr Bestes zu geben. Es ist eine Investition in die Zukunft von uns allen, denn das eigene Wirken formt die zukünftigen Generationen. Deshalb ist das Familienleben auch so wichtig.

Man ist nie vor Fehlern gefeit, selbst wenn man glaubt, alles richtig zu machen. Es sind Dinge wie Khushals Klage von damals, die mich daran erinnern, dass Elternsein eine schwierige Aufgabe ist. Bis dahin war ich stets der Meinung gewesen, allen meinen Kindern ein guter Vater zu sein. Nichtsdestotrotz kann ich nachvollziehen, dass sich Khushal angesichts von Malalas Kampagne und ihrer stetig wachsenden Bekanntheit womöglich dachte: »Vielleicht ist sie ja nur wegen der Unterstützung unseres Vaters berühmt?« Ich sagte ihm, dass es sich in Wahrheit genau umgekehrt verhielt: Es lag an Malala, dass sich die Menschen für mich interessierten – und nicht nur für mich, sondern für viele andere Leute aus der Stadt. Sie hat eine besondere Gabe für öffentliche Auftritte und versteht es, die Menschen mit ihren Worten zu berühren. Malala ist außergewöhnlich in ihren Talenten – ganz im Gegensatz zu mir –, aber natürlich war sie damals noch ein Kind und brauchte einen erwachsenen Begleiter. Das machte uns einzigartig.

Khushals Worte schmerzten mich, und ich gab mein Bestes, das Gleichgewicht wiederherzustellen, doch in Wahrheit hatte ich gar nicht die Zeit dazu, weil meine Kampagne gegen die Taliban mich so stark vereinnahmte. In dieser Hinsicht ließ ich Khushal im Stich, so wie mein eigener Vater mich niemals im Stich gelassen hatte. Er hatte vielleicht nicht viel Geld besessen, aber er hatte mir immer seine volle Aufmerksamkeit geschenkt. Er hatte sich Zeit für mich genommen. Ich hingegen war völlig beschäftigt mit dem, was in meinem Tal passierte. Als wir im Jahr 2009 kurzzeitig zu Binnenflüchtlingen wurden, weil die pakistanische Armee nach Mingora gekommen war, um die Taliban zu vertreiben, vergaß ich sogar Malalas zwölften Geburtstag. Wir alle vergaßen ihn.

Im Jahr 2011 – es war das Jahr, in dem Malala den Nationalen Friedenspreis verliehen bekam und Osama bin Laden in Abbottabad getötet wurde, das Jahr vor dem Anschlag auf Malala – trafen Tor Pekai und ich eine folgenschwere Fehlentscheidung in Bezug auf Khushals Zukunft. Wir waren übereingekommen, ihn Anfang 2012 – aufgrund der Morddrohungen der Taliban ein schreckliches Jahr – auf ein sehr gutes Internat nach Abbottabad zu schicken. Wie es bei Eltern oft der Fall ist, glaubten wir, diese Entscheidung zu seinem Wohl getroffen zu haben. Wir wollten nur das Beste für Khushal und Atal, und im Gegensatz zu ihrer Schwester hatten unsere Söhne immerhin die Möglichkeit, eine gute Schulbildung zu bekommen. In Pakistan zählen die vom Militär geführten Schulen mit zu den besten. Früher nahmen solche Schulen noch keine Mädchen auf, wenngleich 2014 in Marden auch eine Armeeschule für Mädchen eröffnete – ein Zeichen, dass sich in unserem Land langsam etwas bewegt. Wir hatten also beschlossen, dass Khushal später auf eine solche Armeeschule gehen und zur Vorbereitung zunächst ein privates Internat besuchen sollte. Unsere Wahl fiel auf die Stadt Abbottabad, die zwei Stunden vom Swat-Tal entfernt lag. Khushal war dagegen, aber ich ließ ihm keine Wahl.

Ich glaubte fest daran, dass es meine Pflicht war, ihm das zukommen zu lassen, was er meiner Meinung nach brauchte. Ich wollte gut für ihn sorgen. Es war eine kostspielige Entscheidung – die Schulgebühren waren deutlich höher als alles, was ich jemals für Malalas Ausbildung bezahlt hatte –, und am Ende entpuppte sie sich als Fehler.

Malala war eine ausgezeichnete Schülerin und auf der Schule in Mingora gut aufgehoben. Bei Khushal hingegen hatte ich den Eindruck, dass er den zusätzlichen Motivationsschub eines besonders guten Lernumfelds brauchte. Warum habe ich damals nicht auf ihn gehört? Er hasste das Internat vom ersten Tag an und weinte viel. Die Lehrer schlugen dort die Jungen. Das kam zu der Zeit an pakistanischen Schulen häufig vor, aber für ihn war es ein traumatisches Erlebnis.

Jedes Mal, wenn wir miteinander telefonierten, flehte er uns an, ihn abzuholen, und drohte damit, wegzulaufen. »Ihr habt mich in ein Gefängnis gesteckt!«, schrie er in den Hörer. Tor Pekai war außer sich vor Sorge um ihn. Er fehlte uns, ihr am allermeisten. Auch ich vermisste ihn schmerzlich, aber ich klammerte mich eisern an meinen Plan, den ich mir für ihn im Kopf zurechtgelegt hatte: eine gute Schule, dann ein gutes College, ein guter Arbeitsplatz und eine gesicherte Zukunft.

Er musste etwa zwei oder drei Monate dort gewesen sein, als er sich während eines Besuchs bei uns zu Hause weigerte, an die Schule zurückzukehren. Er bewies damit genau die Charakterstärke, zu der wir unsere Kinder immer hatten erziehen wollen.

»Diesmal nicht«, sagte Khushal. »Ich bleibe hier.« Es war sein voller Ernst.

Ich musste einlenken, obwohl die Schule uns viel Geld gekostet hatte. Aber ich wollte nicht, dass er mich für einen schlechten Vater hielt oder sich ungerecht behandelt fühlte. Er sollte mich später als verantwortungsbewussten und verständnisvollen Vater in Erinnerung behalten.

Dieser Vorfall führte mich zu dem Schluss, dass die Träume der Eltern die fundamentalen Rechte der Kinder beschneiden, wenn sie den Wünschen der Kinder zuwiderlaufen und das Glück der Gegenwart aufs Spiel setzen. Wir Eltern glauben zu wissen, was das Beste für unsere Kinder ist, aber das stimmt nicht immer.

Khushal war an einen liebevollen Umgang gewöhnt, an seine Freunde und sein Leben in Mingora. Wie hatte ich auch nur in Erwägung ziehen können, ihn aus seinem vertrauten Umfeld zu reißen, damit er den Traum von einer leuchtenden Zukunft erfüllte, den ich für ihn hegte? Mein Vater hatte etwas ganz Ähnliches bei mir versucht! Ich hätte es wirklich besser wissen sollen.

Jeder Vater ist auch einmal ein Sohn gewesen – etwas, das Väter bisweilen vergessen. Es gibt einige Zeilen von Khalil Gibran, die das zusammenfassen, was ich in all seiner Tragweite erst später wirklich begriff. Und es sollte eine harte Lektion werden.

»Eure Kinder sind nicht eure Kinder.
Sie sind Söhne und Töchter der Sehnsucht des Lebens nach sich selbst.
Sie kommen durch euch, aber nicht von euch.
Und obwohl sie mit euch sind, gehören sie euch doch nicht.«[*]

* Gibran, Khalil: Der Prophet. München, dtv 2002.

Kaum war Khushal zurück, standen er und Atal wieder zusammen auf dem Dach und ließen ihre Drachen im Wind tanzen. Er würde nie wieder weggehen, das hatte er uns mitgeteilt. Und auch wir hätten unser wunderschönes Swat-Tal um keinen Preis verlassen wollen.

Am Morgen des 9. Oktober 2012 während unseres täglichen Frühstücks bestehend aus Chapati, Spiegelei und dem süßen Tee, den ich so liebe, befahl Tor Pekai Atal, nach dem Unterricht zusammen mit Malala im Schulbus nach Hause zu fahren. Sie machte sich sehr große Sorgen um die Sicherheit der Kinder und war immer erst wirklich beruhigt, wenn alle wieder wohlbehalten zu Hause waren. Der Fahrer des Schulbusses war Usman Bhai Jan, ein großer Spaßvogel, der die Kinder mit Zaubertricks und komischen Geschichten bei Laune hielt. Atal war ein lustiger und gewitzter Junge und konnte Usman durchaus das Wasser reichen. Manchmal benahm er sich allerdings auf der Busfahrt von der Khushal-Schule zu uns nach Hause ziemlich daneben. Zum Beispiel weigerte er sich, mit den Mädchen auf den Bänken zu sitzen, und zog es vor, hinten an der Ladeklappe zu hängen, während der Bus sich durch die holprigen Straßen von Mingora schlängelte. Er war erst acht und leicht wie eine Feder. Usman machte sich – nicht ohne Grund – Sorgen, Atal könne bei einem tiefen Schlagloch den Halt verlieren, herunterfallen und sich schwer verletzen oder schlimmstenfalls sogar sterben.

An diesem Dienstag ging Atal auf Pekais Anweisung hin also um die Mittagszeit von der Grundschule los, um sich mit Malala zu treffen. Auch ich war den Vormittag über in der Schule gewesen, allerdings nicht in dem Gebäude, wo Malala ihre Prüfungen ablegte, sondern in Atals Grundschulflügel. Gegen Mittag jedoch war ich aufgebrochen, um in meiner Eigenschaft als Vorsitzender des

Verbandes der Privatschulen im Swat-Presseclub an einer Konferenz teilzunehmen. Pekai war zu Hause und machte sich bereit, zu ihrem Englischkurs zu gehen.

Usman hielt wie immer mit seinem *dyna*, dem Lieferwagen mit offener Ladefläche, vor der Schule. Malala und ihre Freundinnen standen da und warteten, und mitten in der Gruppe junger Mädchen in ihren *shalwar kameez* und Schulkopftüchern sprang der kleine Atal ausgelassen umher, voller Energie und mit nichts als Unsinn im Kopf. Als die Mädchen hinten auf den *dyna* stiegen, weigerte sich Atal, mit ihnen zusammen Platz zu nehmen. »Atal Khan, wenn du dich nicht hinsetzt, nehme ich dich nicht mit«, sagte Usman Bhai Jan zu ihm. Usman erinnert sich noch daran, dass dies der Tag war, an dem er endgültig genug davon hatte, Atal auf derart gefährliche Art und Weise durch die Gegend zu fahren. Aber Atal wollte Usman nicht gehorchen, und nach einer kurzen Auseinandersetzung, während der Atal versuchte, Usman zu überreden, ihn doch auf der Ladeklappe mitfahren zu lassen, schloss Letzterer kurzerhand die Türen und fuhr ohne ihn los. Als Atal am Straßenrand stand und den *dyna* die Haji Baba Road hinunter verschwinden sah, wobei die Reifen eine Wolke aus Staub und Steinchen aufwirbelten, war er sehr wütend. Atal hasst es, wenn er in einem Streit den Kürzeren zieht. Damals ärgerte ich mich oft darüber, dass er Usman seine Aufgabe, den Schulbus zu fahren, durch sein ungezogenes Verhalten noch schwerer machte, als sie ohnehin schon war. 2012 war es drei Jahre her, dass sie pakistanische Armee die Taliban aus Mingora vertrieben hatte, aber es gab immer noch Soldaten und Straßensperren, die der *dyna* mindestens viermal am Tag passieren musste. Doch in Anbetracht dessen, was an diesem Tag geschah, blicke ich nun zurück und denke: »Gott sei Dank, dass Atals Ungezogenheit dazu geführt hat, dass er an dem Tag nicht im Bus mitfahren durfte.« Atal selbst sagt auch: »Aba, ich hatte Glück, dass ich nicht dabei war.« Während Atal sich mit seinen Freunden auf den Nachhauseweg machte, lenkte Usman den *dyna* die übliche Strecke die Haji Baba Road hinauf, dann rechts am Armee-Kontrollpunkt vorbei und eine hügelige Straße entlang. Es war eine für gewöhnlich stark befahrene Abkürzung, die, so fand Usman, an diesem Tag seltsam leer war. Unter normalen Umständen wäre Atal hinten an der Ladeklappe der Erste gewesen, der die zwei jungen Männer sah, als sie auf die Straße traten und den Bus zum Anhalten zwangen. Während der eine vorn stehen blieb, um Usman abzulenken, ging der zweite nach hinten – dorthin, wo Atal gewesen wäre, hätte er an diesem Tag mitfahren dürfen. »Wer ist Malala?«, fragte der junge Mann die Mädchen, die drinnen auf den Bänken saßen. Als sich daraufhin sämtliche Blicke automatisch meiner Tochter zuwandten, hob der Junge seine Pistole und drückte ab. Die Kugel traf Malala in den Kopf, dann streifte sie ihre Freundinnen Shazia und Kainat.

Malala hat keinerlei Erinnerungen an den Anschlag, und alles, was Atal noch aus Pakistan kennt, ist das Glück, seinen Drachen steigen zu lassen. Hätte Usman ihm an diesem Tag erlaubt, hinten auf der Ladeklappe mitzufahren, wäre er vielleicht für immer gezeichnet gewesen, weil er mit angesehen hätte, wie seiner Schwester aus nächster Nähe in den Kopf geschossen wurde. Wer ist Malala? Als meine mutige Tochter vornübersackte und ihr Blut sich auf den Sitzen und am Boden des *dyna* ausbreitete, hätte Atal vielleicht gedacht: »Malala ist meine Schwester, und jetzt ist sie tot.«

Nie wieder würden die Jungen ihre Drachen steigen lassen. Usman fuhr mit Vollgas zum Zentralkrankenhaus des Swat-Tals. Ich hatte mein Handy ausgeschaltet, weil ich eine Rede halten wollte, aber mein Bekannter beim Presseclub bekam einen Anruf, dass der Schulbus der Khushal-Schule überfallen worden sei. Ich war völlig außer mir. War Malala verletzt? War Atal auch im Bus gewesen?

Ich trat ans Podium und entschuldigte mich. Dann bekam ein weiterer Freund einen Anruf. Malala war verletzt. Ich habe die Geschichte dieses Tages in den letzten sechs Jahren schon so oft erzählt, aber leichter wird es nie. *Oh mein Gott. Oh mein Gott.* Im Auto meines Freundes raste ich los, zu Malala ins Krankenhaus. Dort sah ich sie auf einer Trage liegen. »Ach, meine tapfere Tochter, meine tapfere Malala, mein tapferes, tapferes Mädchen«, sagte ich, während ich ihre bandagierte, blutüberströmte Stirn küsste. Weinen konnte ich nicht. Ich vergoss nicht eine einzige Träne. Ich glaube, ich war zu verzweifelt. Ich kann es nur so erklären: Es war, als wäre ich in ein tiefes schwarzes Loch gesogen worden. Ich befand mich außerhalb von Raum und Zeit. Ich war wie ein Stein, vollkommen leer. Ein Helikopter wurde gerufen, um Malala in ein größeres Krankenhaus nach Peschawar zu fliegen. Ich lief neben der Trage her, als sie zum Hubschrauberlandeplatz in Mingora gebracht wurde, der weniger als eine Meile von unserem Haus entfernt lag. Es ist seltsam, die Fernsehbilder der Ereignisse zu sehen. Als wir hoch über der Landschaft dahinflogen, nahm ich nichts wahr. Malala lag neben mir und spuckte Blut. »Bitte, Gott, bitte, Gott, mach, dass sie überlebt«, bekniete ich ihn. Zu Hause auf unserem Gebetsteppich zitierte Pekai aus dem Koran. »Weint nicht«, sagte sie den vielen Frauen, die sich bei uns zu Hause versammelt hatten. »Betet.« Als Atal zur Tür hereinkam, schaltete er den Fernseher ein und sah die Aufnahmen. Er begann zu weinen und rief nach Khushal. Zusammen verfolgten sie den Nachrichten-Ticker, der unten am Bildschirmrand entlanglief, und wappneten sich innerlich für die Meldung: »Pakistanische Jugendliche Malala Yousafzai für tot erklärt.« Das Gleiche hatten wir bereits 2007 mit Benazir Bhutto erlebt.

Drei Tage später, nach einer lebensrettenden Operation im Militärkrankenhaus von Peschawar und weiterer Intensivpflege im Militärischen Institut für Kardiologie in Rawalpindi, wurde Malala am Montag, den 15. Oktober, um fünf Uhr früh in einem Krankenwagen mit bewaffneter Eskorte zum Rawalpindi Airport gebracht, wo ein Privatflugzeug aus den Vereinigten Arabischen Emiraten auf sie wartete. Straßen waren abgeriegelt worden, Scharfschützen säumten die Route. Ihre Trage wurde an Bord gerollt, und bald darauf befand sie sich abermals in der Luft. Sie wurde in das Queen Elizabeth Hospital in einer uns unbekannten Stadt namens Birmingham im Vereinigten Königreich gebracht. In diesem Krankenhaus sollte sie eine besondere medizinische Versorgung erhalten, die – wenn wir Glück hatten – die Hirnschäden minimieren würden, die der Kopfschuss verursacht hatte.

Während wir darauf warteten, Pakistan verlassen und ihr endlich nachreisen zu können, brach Khushal am Tisch in Tränen aus und rief: »Wir waren zu fünft, und jetzt sind wir nur noch zu viert.« Es stand nirgendwo geschrieben, dass unsere Familie immer aus fünf Personen bestehen würde, genauso wie nirgendwo geschrieben stand, dass wir alle gleich waren – aber er hatte recht. Wir waren immer zu fünft gewesen, und jetzt waren wir es auf einmal nicht mehr.

Die Drachen der Jungen liegen immer noch in Mingora in einer Kiste, die Schnüre intakt. Auch Malalas Bett steht noch dort, die vielen Auszeichnungen aus ihrer Schule, die Urkunden, Preise, Lehrbücher und Zeugnisse – Zeugnisse einer Schulbildung, für die sie so unermüdlich gekämpft hat.

Unser Haus hat jetzt eine andere Familie gemietet. In einem Raum sind unsere Sachen untergestellt, die in unserer Abwesenheit zusammengepackt wurden, Überbleibsel des glücklichen Lebens, das wir dort hatten.

Veränderungen

Als ich ein Junge war und auf dem Lehmdach unseres Schuppens Kricket spielte, rief mein Vater manchmal meinen Namen: »Ziaaaaaaaaa-udina!« Und noch ehe die letzte Silbe verklungen war, stand ich schon neben ihm. Ich war immer zur Stelle, gehorsam wie ein Soldat, wenn der Offizier »Achtung!« ruft. Doch als meine eigenen Söhne im Westen zu Teenagern heranwuchsen, war bei ihnen von diesem natürlichen Gehorsam nichts zu spüren. Und ich gebe zu, dass ich ihn mir wünschte. Mehr noch: Ich brauchte ihn.

Wenn ich sie zum Abendessen rief, bekam ich oft keine Antwort. Hatten sie mich etwa nicht gehört? Manches Mal erklomm ich die Treppe unseres Hauses in Birmingham, das mir so fremd vorkam mit seinen marmornen Oberflächen und den vielen leeren Räumen. Ich öffnete die Tür zu ihren Zimmern und sah die beiden Jungs in einem blauen Lichtschein vor ihren Computerbildschirmen sitzen. »Habt ihr mich nicht gehört?«, fragte ich dann. Manchmal blickten sie nicht einmal auf. Und ich erzählte ihnen wieder und wieder die Geschichte aus meiner Kindheit. »Als ich noch ein Junge war und auf dem Dach Kricket gespielt habe …« Ich stieß auf taube Ohren. »Warum benehmt ihr euch nicht so, wie ich mich früher meinem Vater gegenüber benommen habe?«, fragte ich, an Khushal gewandt. Ich fand, er sei alt genug, um zu begreifen, dass ich Respekt verdient hatte.

Immer drehte sich alles nur um den Computer, die X-Box, Gameboys oder irgendwelche Apps. Ich verstand nichts von diesen Geräten, geschweige denn, dass ich wusste, wie man sie bediente. Meine erste Begegnung mit einem Computer hatte ich mit fünfunddreißig Jahren gehabt.

»Wieso ignoriert ihr mich?«, fragte ich aufgebracht. Ich war sehr frustriert. Khushal wurde so schnell groß.

Was war aus dem liberalen Ziauddin geworden? Aus dem Vater, der in Pakistan bereitwillig an sich gearbeitet hatte, der an Gleichheit und Freiheit glaubte und dem es wichtig gewesen war, seine Söhne darin zu bestärken, sich selbst zu verwirklichen? Wo war der Ziauddin geblieben, der sich eine sanftere, freiere Erziehung für seine Söhne wünschte? Etwa zweieinhalb Jahre lang fehlte von diesem Ziauddin jede Spur. Er war schlichtweg unauffindbar.

Abgeschnitten von unserer Kultur, von unserer Familie und dem Unterstützungssystem aus meinem und Tor Pekais Freundeskreis – Menschen, die unseren Kindern eine Orientierungshilfe hätten sein können –, hatte ich meine Schwierigkeiten mit den Jungen. In Großbritannien pflegten sie einen westlichen Lebensstil, den ich nicht kannte. Ich, ein muslimischer Vater aus Südasien, hatte große Angst, dass meine Söhne mir entgleiten könnten. Das ist unter Eltern aus unserem Kulturkreis nichts Ungewöhnliches, und ich kann solche Gefühle inzwischen sehr gut nachempfinden.

Ich stellte fest, dass die Kluft zwischen uns viel größer zu werden drohte, als es die zwischen mir und meinem Vater jemals gewesen war. All meinen Freiheitsbestrebungen als junger Erwachsener zum Trotz war ich doch immer gehorsam und respektvoll geblieben. Ich hatte Englisch gelernt und erkannt, wie wichtig Gleichberechtigung war, aber unser gemeinsamer Glaube war stets eine Brücke zwischen mir und meinem Vater gewesen, genau wie unsere Liebe zu den großen Autoren des Urdu und Paschtunischen sowie die Tatsache, dass ich seine Autorität in letzter Konsequenz nie infrage gestellt hatte. Mein Ziel war es gewesen, Malala stark zu machen, nicht meinen Vater durch Respektlosigkeit seiner Stärke zu berauben.

War es Angst, die mich in eine autoritäre Vaterrolle zurückfallen ließ? Oder lag es daran, dass die Jungen, die jetzt einem Umfeld ausgesetzt waren, in dem andere Werte galten, auf Gehorsam und die Autorität meines Wortes weniger Wert legten? »Ihr zwei Verrückten«, sagte ich zu ihnen. »Ihr hört ja gar nicht auf mich.« Das war nicht als Scherz gemeint. Die beiden führten ein völlig anderes Leben als ich in ihrem Alter – ja, sie führten sogar ein völlig anderes Leben als das, das sie geführt hätten, wären wir in Pakistan geblieben. Sie versuchten in einer neuen Welt ihren Platz zu finden.

Anfangs gab es auch noch ein ganz anderes Problem. Bei unserer Ankunft in Großbritannien waren die Jungen, vor allem Khushal, tief traumatisiert. Dr. Fiona Reynolds, die Pädiaterin auf der Intensivstation in Birmingham, die durch puren Zufall zum Zeitpunkt des Attentats auf Malala in Pakistan gewesen war und mitgeholfen hatte, ihr das Leben zu retten, erinnert sich noch daran, wie sie die beiden zum ersten Mal sah. Sie lagen in einem Stockbett in Rawalpindi, während wir darauf warteten, nach Großbritannien ausgeflogen zu werden. Atal schlief tief und fest, aber Khushal, so erzählte sie mir später, sah so verängstigt aus, wie sie es noch nie bei einem Kind gesehen hatte.

In unserem ersten Jahr in Großbritannien gingen die Jungs noch nicht zur Schule. Den Großteil ihrer Zeit verbrachten sie am Computer, zunächst im Gästehaus der Klinik, dann in einer Wohnung im zehnten Stock eines Mietshauses im Zentrum von Birmingham. Sie hatten nichts zu tun. Sie langweilten sich. Tor Pekai und ich sprachen nur über Malalas Behandlung und ihren Genesungsprozess. Für uns gab es kein anderes Thema.

Khushal war dreizehn und brüllte den Computerbildschirm an. Insgesamt zertrümmerte er acht Controller. Ich weiß gar nicht mehr, weshalb wir acht Controller anschafften. Atal spielte auch viel am Computer und stopfte sich dabei mit Süßigkeiten voll. Keiner der beiden wusste, wie sie mit der Situation umgehen sollten. Ihr Leben war ihnen fremd. Sie waren tief verunsichert.

»Ich habe mir einfach abgeschaut, was die anderen machen. Ich hatte keinen Plan. Alles war irgendwie so schwer«, erklärte Atal mir später. Einmal, als Malala unter schrecklichen Kopfschmerzen litt und ihr Gehirnflüssigkeit aus den Ohren lief, rief er im Krankenhaus: »Gebt mir meinen Reisepass! Ich will meinen Reisepass haben. Ich fliege nach Hause, zurück nach Pakistan.«

Da weinten wir alle.

Als wäre es noch nicht genug, Malala das Leben gerettet zu haben, begannen Dr. Fiona und ihr Mann Adrian, mit den Jungen Ausflüge zu unternehmen und sie langsam mit dem britischen Leben vertraut zu machen. Sie gingen am Bullring, der großen Einkaufsmeile in Birmingham, ins Kino, wo den Jungen vor Staunen fast die Augen aus dem Kopf fielen. Sie fuhren auch zum Warwick Castle, und diesmal kam Malala mit. Infolge der Schussverletzung war sie auf einem Ohr taub, und die Kugel hatte einen Gesichtsnerv durchtrennt, wodurch eine Seite ihres Gesichts gelähmt war und schlaff herunterhing. Doch wie durch ein Wunder waren weder ihr Erinnerungsvermögen noch ihr Gehirn oder ihre Motorik in Mitleidenschaft gezogen worden. Als es ihr besser ging, begleitete sie ihre Brüder immer öfter auf den Ausflügen. Sie gingen zum Beispiel zum Bowling oder in ein Schnellrestaurant namens Nando's, wo das Grillhähnchen *halal* war.

Ich hätte erkennen müssen, dass sich ihr Leben tiefgreifend verändert hatte und dass die beiden Jungen ihre eigene Antwort auf diese Veränderungen finden mussten. Stattdessen begann sich nach etwa einem Jahr in Großbritannien mein Verhältnis zu Khushal zu verschlechtern. Er hatte sich nicht so gut in der Schule eingelebt wie Malala und Atal und hatte im Gegensatz zu seinen Geschwistern auch noch keine engen Freundschaften geknüpft. Er vermisste Pakistan sehr, seine Freunde, seinen Drachen, sein altes Leben. Um ehrlich zu sein, vermisste ich Pakistan auch. Tor Pekai vermisste Pakistan. Malala vermisste Pakistan. Der Einzige, der es nicht zu vermissen schien, war Atal, weil er die Erinnerungen an früher, die uns oft überkamen, recht schnell vergessen hatte.

Khushal war darüber hinaus alt genug, um wirklich zu begreifen, was seiner Schwester passiert war. Er ist ein sehr emotionaler Mensch, der viel nachdenkt, und er wusste um den Hass der Taliban. Atal, unser schneller, scharfer Pfeil, war noch zu jung für solche Gedanken. Das Schicksal hatte ihn davor bewahrt, an jenem Mittag mit im Bus zu sitzen. Im Kreis seiner neuen Freunde und Freundinnen lernte er problemlos Englisch, und schon bald schien es, als wäre er in England geboren worden.

Auf Schule legte Khushal keinen gesteigerten Wert. Stattdessen beschäftigte er sich immerzu mit seinen süchtig machenden Computerspielen. Durch die geschlossene Zimmertür hörte ich, wie er mit jemandem redete, dabei war kein Mensch bei ihm. Dann rief er plötzlich laut, und ich dachte bei mir: »Was macht er denn da? Was soll nur aus dem Jungen werden?« Ich fand sein Verhalten vollkommen inakzeptabel und hatte Angst, dass ich bald gar nicht mehr an ihn herankommen würde. Ich wollte einen anderen Sohn haben: Ich wollte, dass er sich auf die Schule konzentrierte und wenigstens ein bisschen Zeit mit seinen Büchern verbrachte. Immer wieder dachte ich: »Wann wird ihm dieser Computerkram endlich langweilig?« Es brachte die schlechtesten Seiten in mir zum Vorschein.

Jungen in der Pubertät brauchen eine Bezugsperson, die ihnen hilft, auszuloten, wer sie sind, ohne Verurteilung oder Erwartungsdruck fürchten zu müssen.

In Pakistan war es leicht gewesen, den Jungen ein Vater zu sein. Sie waren damals noch jünger und lebten inmitten einer festen Wertegemeinschaft. Sie gingen in die Moschee, zu ihren Freunden oder trafen sich in Shangla mit ihren Verwandten. Wir hatten ständig Menschen um uns, die mit uns zusammen redeten, kochten, beteten oder Ideen austauschten.

Nachdem wir Pakistan verlassen hatten, änderte sich unser Familienleben radikal. Es machte eine Hundertachtzig-Grad-Wendung. Früher war unser Haus immer voller Freunde und Verwandter gewesen, jetzt wohnten wir praktisch allein. Atal brachte es einmal folgendermaßen auf den Punkt: Wir lebten nicht länger in einer Kultur, in der die Söhne gleich losrannten, um ihrem Vater ein Glas Wasser zu holen. Auf einmal waren unsere Jungen umgeben von lauter Kindern, die ein vollkommen anderes Verhältnis zu ihren Eltern hatten. Hier gab es diesen selbstverständlichen Gehorsam, den Respekt gegenüber Autoritäten einfach nicht. Jetzt, in unserem neuen Umfeld, erkannte ich, dass ich ein echter paschtunischer Vater war. Während ich beim Ruf »Ziaaaaa-udina!« meines Vaters sofort zur Stelle gewesen war, stellten meine Söhne sich taub.

Ich war sehr traurig deswegen. Ich gab mir selbst die Schuld.

Als ich so alt gewesen war wie Khushal in dieser Phase – also etwa dreizehn oder vierzehn –, hatte ich mehrere Mentoren gehabt, die mir halfen, meinen Hass zu überwinden, und die mich von dem gefährlichen Irrweg abbrachten, den ich eingeschlagen hatte. Einer von ihnen war Tor Pekais älterer Bruder. Durch vertrauensvolle Gespräche hatte er mich zurück auf den rechten Pfad geführt.

Der Geistliche, der mir damals Islamunterricht erteilte, war ein Anhänger des Dschihad, und er radikalisierte mich. Für eine kurze Zeit wollte ich Krieg gegen die Ungläubigen führen und im Kampf sterben. Ich wollte ein Märtyrer sein, denn das lehrte man mich mit derselben Inbrunst und Überzeugungskraft, die ich später anderen stets zu vermitteln versuchte, wenngleich es mir dabei immer um Liebe ging, niemals um Hass.

Wenn ich an Tor Pekais Bruder, an andere progressive Freunde und an meinen gütigen Vater denke, sage ich mir: »Ziauddin, ohne ihren Rat wärst du womöglich als Selbstmordattentäter mit einem Bombengürtel um die Brust geendet!«

Ich musste wieder eine gemeinsame Basis mit Khushal finden, und gerade als ich den Glauben zu verlieren drohte, trat abermals Dr. Fiona in unser Leben. Sie wurde seine – und auch meine – Mentorin.

»Ich stecke wirklich in der Klemme«, gestand ich ihr. »Khushal mag Sie, und Sie mögen meine Söhne. Bitte sagen Sie mir, was ich tun soll.«

Es gibt keinen Grund, sich zu schämen, wenn man in Erziehungsfragen um Hilfe bittet. Wir redeten miteinander, und sie sagte mir: »Solche Veränderungen passieren nun mal in der Pubertät. Sie sollten versuchen, ruhig und besonnen mit der Situation umzugehen. Verlieren Sie nicht die Nerven, und seien Sie nicht zu hart zu ihm. Er ist ein guter Junge«, fuhr sie fort. »Es ist eine schwierige Zeit für ihn, aber das wird schon wieder. Er ist intelligent, und er sieht gut aus. Machen Sie sich keine Sorgen um ihn. Er ist ein tolles Kind.«

»Sie haben recht«, sagte ich. »Sie haben recht.«

Fortan hielt ich mich zurück. Ich ließ den Dingen ihren Lauf. Ich hörte auf, mit ihm über die Schule zu sprechen, und ich hörte auf, Gehorsam von ihm zu fordern. Ich vertraute Dr. Fiona, aber ich begann mich auch selbst zu hinterfragen. Ich wollte ein guter, ein liebevoller Vater sein. Meine bisherige Methode hatte nicht funktioniert. Es war ungerecht von mir, von den Jungen zu erwarten, dass sie ihr Leben so lebten, wie ich meins gelebt hatte. Ich wollte unsere Familienwerte – Gleichberechtigung, Wahrheit und Gerechtigkeit – auf jeden Fall aufrechterhalten. Aber zugleich erkannte ich, dass es bei allem, was ich darüber hinaus von meinen Söhnen verlangte, in Wirklichkeit um mich selbst und um meine Wünsche ging. Aber warum sollte ich entscheiden, ob sie zur Universität gingen oder ein bestimmtes Buch lasen? Welche berufliche Laufbahn sie einschlugen? Sie waren in einer anderen Zeit und in einer anderen Kultur zu Hause.

Ich hatte mir einen Sohn gewünscht, der mir so gehorchte, wie ich meinem Vater gehorcht hatte, aber Dr. Fiona öffnete mir die Augen und half mir zu erkennen, dass ich nach dem Falschen suchte. Mein Sohn war wunderbar, so wie er war, unabhängig davon, in welchem Maß ich ihn mir ähnlich machen konnte.

Ich glaube, dass man nie aufhört, Eltern zu sein; deshalb erfordert es die Fähigkeit zur Veränderung oder zumindest Offenheit und Anpassungswilligkeit. Dr. Fiona redete stundenlang mit Khushal, und wenn er wütend wurde, wartete sie geduldig ab, bis er sich wieder beruhigt hatte. Sie hörte ihm zu, aber sie wies ihn auch auf das Offensichtliche hin: Es gab nicht viele, die in der Schule erfolgreich waren, ohne sich anzustrengen. Wenn Khushal einen guten Mittleren Schulabschluss erreichen wollte, würde er anfangen müssen, dafür zu lernen. Weil ich mich nicht mehr für seine Computerspiele interessierte, waren sie Khushal relativ schnell langweilig geworden, und er hatte sich anderen Dingen zugewandt. Dieser Tage bin eher ich derjenige, der durch Elektronik abgelenkt wird, weil ständig mein Telefon klingelt und andauernd Nachrichten eingehen. Als ich Khushal einmal fragte, was er an mir ändern würde, wenn er könnte, meinte er: »Aba, warum bist du so abhängig von deinem Handy? Du solltest nicht ständig draufschauen, wenn wir Besuch haben, das ist total unhöflich!« Ich antwortete: »Khushal Khan, du hast recht. Es tut mir leid, ich kann einfach nicht anders.« Da nahm er mir das Telefon aus der Hand und warf es hinter das Sofa. Es ist eine Rollenumkehrung, die nicht einer gewissen Komik entbehrt, wenn man bedenkt, wie viele Gedanken ich mir in der Vergangenheit über die mobilen Geräte meiner Söhne gemacht habe. Jetzt, mit seinen achtzehn Jahren, beschlagnahmt Khushal mein Handy, nicht umgekehrt.

Mit der Zeit begann ich auch das britische Bildungssystem besser zu verstehen. Meine Söhne wurden zu kritischen Denkern. Und wenn sie am Computer saßen, dann nicht nur, um zu spielen. Oftmals machten sie dort auch ihre Hausaufgaben. Das hatte ich bislang übersehen.

Ich hörte auf, mir ständig Sorgen zu machen, und beschränkte mich darauf, sie einfach nur zu lieben. Das war eine enorme Erleichterung. Ich verabschiedete mich von meinen Erwartungen, die ich für sie gehegt hatte, und von meinen alten Ansichten, wie ein Sohn zu sein hatte. So wurden sie meine Freunde. Meine besten Freunde. Ich habe erkannt, dass sie ihr Glück in einem Leben finden werden, das ganz anders ist als meins, aber immer noch getragen wird von Werten wie Liebe, gegenseitigem Respekt und Mitmenschlichkeit, so wie in Mingora. Das zu begreifen machte mir das Leben viel leichter. Und es befreite uns.

Du sagst Burrito, ich sag Burrita

Es kommt nur selten vor, dass ich etwas anderes esse als pakistanisches Essen, aber während eines meiner letzten USA-Aufenthalte kaufte der ehemalige Kommunikationschef des Malala-Fonds, Eason Jordan, mir eine wahre Köstlichkeit: einen gefüllten Weizentortilla. Ich meinte gehört zu haben, dass er dieses Gericht »Burrita« nannte. Ich aß es zum Frühstück auf der Rückbank eines Taxis, das mich zum Flughafen brachte.

Das darauffolgende Mal reisten wir alle gemeinsam in die USA, und zwar nach Los Angeles. Die Jungs und ich schlenderten gerade über einen Markt, als ich zufällig einen Starbucks entdeckte, und weil ich Hunger hatte, verkündete ich: »Ich gehe jetzt da rein und hole mir eine Burrita.«

»Aba«, flehten Khushal und Atal mich an, »bitte, lass das lieber. Das wäre ein großer Fehler. So was gibt es da nicht.«

Ich ignorierte ihre Warnungen. »Lasst mich doch wenigstens mal nachfragen. Vielleicht haben sie ja doch welche.« Ich war durch nichts von meinem Vorhaben abzubringen.

Ich betrat den Starbucks und fragte die Frau hinter dem Tresen: »Haben Sie eine B-b-b-b-b-b-b-b-b …« Ich blieb stecken und kam nicht weiter, wie es mir oft mit gewissen Konsonanten passiert. Die Frau war unglaublich geduldig und lachte nicht. Endlich kam mir das Wort über die Lippen: »B-b-b-b-b-b-burrita!« Meine Freude war groß.

Die Jungs hinter mir mussten so heftig lachen, dass sie sich kaum noch aufrecht halten konnten. Die arme Frau behielt die Fassung, teilte mir jedoch freundlich mit, dass es bei Starbucks leider kein solches Gericht gebe.

Als wir das Café wieder verließen, sagte Atal zu mir: »Aba, du hast drei Fehler gemacht.« Und ich fragte: »Welche denn?«

Er sagte: »Erstens hast du in einem Starbucks nach mexikanischem Street Food gefragt. Das wirst du da niemals kriegen. Zweitens ist es keine Burrita, sondern ein Burrito. Und drittens hast du gestottert. Du hast das Wort sozusagen gleich zweimal falsch ausgesprochen!«

Die beiden lachten immer noch, und als wir wieder mit Malala und Tor Pekai zusammentrafen, fielen diese mit ein. Bald darauf richteten sie untereinander eine Snapchat-Gruppe mit dem Namen »Burrita« ein, in die ich als Ehrenmitglied aufgenommen wurde. Ich mochte es, wenn meine Kinder sich über mich amüsierten. Wir hatten herausgefunden, wie wir einander unsere Liebe zeigen konnten, und deswegen fiel es mir leicht, mit ihnen zu lachen.

Ich glaube, wenn man über sich selbst lacht, macht einen das menschlicher, und man zeigt seinen Kindern, dass auch schwache Momente zum Leben dazugehören. Ich glaube, dass ein Sinn für Humor enorm wichtig ist. Wäre ich noch der alte Ziauddin gewesen, der um jeden Preis Autorität ausstrahlen wollte und Respekt einforderte, hätten mich ihre Burrita-Scherze sicher gekränkt. Ich wäre aus dem Zimmer gegangen und hätte gedacht: »Ich bin der Vater, und ihr seid die Kinder, also bringt mir gefälligst ein bisschen Respekt entgegen!« Vermutlich hätten sie dann hinter meinem Rücken weitergelacht. Aber inzwischen werte ich solche Scherze nicht mehr als Ausdruck mangelnden Respekts. Ich hatte einen peinlichen Moment, der eine lustige Anekdote abgab, über die wir uns alle gemeinsam amüsieren konnten.

In Malalas Klasse

Die Examenszeit in der Schule kann eine sehr stressige Zeit für Eltern sein –für die Schüler und Schülerinnen natürlich erst recht.

Als vor zwei Jahren Khushals Mittlerer Schulabschluss näher rückte, verlor ich kein Wort darüber, wie wichtig es sei, dass er den Unterrichtsstoff wiederholte. Ich hatte meine Lektion gelernt und mir abgewöhnt, ihn danach zu beurteilen, wie viel er für die Schule tat.

Drei Monate vor den Prüfungen wurde er plötzlich ganz eifrig. Er breitete seine Bücher auf den Sofas im Wohnzimmer aus, Chemie auf dem einen, Biologie auf dem anderen, hier Informatik, dort

Religion. Wenn Gäste kamen, gab es nirgendwo einen Platz zum Sitzen. Er sagte dann immer: »Gehen wir doch ins Wohnzimmer. Das Sofa hier kriegt nämlich eine Eins, und das Sofa dort kriegt auch eine Eins.« Wir mussten alle lachen.

Dann kamen die Prüfungsergebnisse. Es war unglaublich, einfach unglaublich. Ich freute mich riesig für ihn. Und ich bereute mein Verhalten ihm gegenüber.

Mein Sohn bekam ausgezeichnete Noten, und er hatte die ganze Zeit das Potenzial dazu gehabt. Dr. Fiona hatte recht behalten.

Heutzutage bin ich für Khushal ein Vater, den er gerne in die Arme nimmt. Er kommt jeden Tag zu mir und küsst mich erst auf die eine, dann auf die andere Wange. Er ist der Einzige in der Familie, der das tut. Malala und Tor Pekai mögen Umarmungen nicht besonders. Und Khushals Küsse sind ernst gemeint. Sie sind wie die Küsse, die mein Vater mir früher gab: Sie stecken voller Liebe, auch wenn die Beziehung, die ich zu meinen beiden Söhnen habe, eine vollkommen andere ist.

Wir reden darüber, wie es früher bei uns war und wie weit weg unser altes Leben mittlerweile erscheint. Einmal meinte Khushal zu mir: »Du hast mich nie aufgegeben. Wenn ich einen Fehler gemacht habe, hast du mir eine zweite Chance gegeben, eine dritte und eine vierte. Ich glaube, dadurch ist mir irgendwann klar geworden, dass du vielleicht recht haben könntest.« Ich habe ihn gefragt, wie ein Vater seiner Meinung nach sein sollte, und er hat mir geantwortet: »Ein Vater sollte auch den Charakter seines Sohnes fördern, nicht nur seinen Verstand.« Das sind sehr weise Worte, und ich bin froh, dass ich ihre Bedeutung mittlerweile verinnerlicht habe.

Ich betrachte mich nicht als autoritär, aber ich hoffe, dass ich eine Respektsperson bin.

Als Atal vor Kurzem ausgehen wollte, sagte ich zu ihm: »Atal

Khan, sollte ich nicht wissen, wie deine Freunde heißen, mit denen du dich triffst?« Woraufhin er frech antwortete: »Aba, ich frage dich ja auch nicht nach den Namen deiner Freunde, oder?« Ich lachte schallend. Was sollte ich dagegen sagen?

In Pakistan gibt es nicht den Brauch, dass Kinder bei ihren Freunden oder Freundinnen übernachten. Als Atal uns daher zum ersten Mal fragte, ob seine Freunde zu uns kommen und bei uns schlafen könnten, waren Tor Pekai und ich perplex. »Was bedeutet das?«, fragte ich ihn. »Wieso sollten diese Kinder bei uns schlafen, sie haben doch ihre eigenen Betten bei sich zu Hause?« Doch Atal verkündete kurzerhand: »Meine Freunde kommen, und sie werden hier übernachten.« Noch einmal fragte ich: »Aber warum?«, und er sagte: »Weil das hier Tradition ist.«

Daraufhin sagten wir: »Ach so. Na dann.« Und sie kamen. Es waren etwa acht Jungen unterschiedlichster Hautfarben und Religionen, und sie blieben fast die ganze Nacht auf, vielleicht bis drei Uhr früh. Sie redeten und spielten in Atals Zimmer, aber ich war einfach nur selig.

Wenn diese Freunde Atal glücklich machen, dann ist unser Haus noch hundertmal mehr von Liebe erfüllt.

Weil ich meine Söhne bedingungslos liebe, haben sie irgendwann ganz von selbst gelernt, mich zu respektieren. Und ich habe gelernt, dass wahre Autorität nichts mit Angst zu tun hat, sondern nur mit gegenseitiger Achtung. Wir nennen Dr. Fiona nicht länger »Tante«, sondern »Patin«, in Anerkennung der guten Ratschläge, die sie den Jungen nach wie vor gibt. Khushals neuester Mentor ist Malala. Früher haben sie sich um die Fernbedienung gestritten. Jetzt reden sie über sein Leben, über seine Pläne, ihr nach Oxford zu folgen – »Wenn du kommst, dann haue ich da wieder ab!«, sagt sie im Scherz –, und über alles, was ihn sonst noch bewegt. Sie schreiben einander täglich SMS. Atal ist mit seinen vierzehn Jahren nicht mehr der kleine, ungezogene Junge von früher, sondern fast so groß wie Malala. »Meine Schwester ist ein Genie«, sagt er. »Ich sollte keine Angst davor haben, in ihrem Schatten zu stehen. Stattdessen sollte ich von ihr lernen, wie sie ihr Ding macht. Ich sollte lernen, mich vor nichts zu fürchten, so wie sie, nicht schüchtern zu sein und möglichst gut meinen Standpunkt deutlich zu machen. Von mir aus können die Leute ruhig sagen, dass ich in ihrem Schatten stehe. Für mich ist es eher so, als würde ich bei ihr zur Schule gehen. Ich bin in Malalas Klasse und lerne von ihr.«

Mein Großvater und mein Vater hätten es sicher nie für möglich gehalten, dass eines Tages ausgerechnet das Mädchen in der Familie zur Lehrerin ihrer Brüder werden würde.

Ich danke Gott für diese wundervollen Veränderungen.

EHEFRAU UND BESTE FREUNDIN

Die stille Aktivistin

Manchmal frage ich mich, wie mein Leben ausgesehen hätte, wenn Tor Pekai nicht meine Frau geworden wäre. Ich glaube, es wäre schwer gewesen, Kinder großzuziehen, die von ganzem Herzen an Geschlechtergerechtigkeit glauben, so wie unsere es tun. Denn wie hätte ich ihnen solche Vorstellungen und Werte vermitteln sollen, wenn ihre Mutter nicht bereit gewesen wäre, meinen Weg mitzugehen? Welche Bedeutung hätte »Gleichberechtigung« für Malala, Khushal und Atal haben können, wenn sie tagein, tagaus erlebt hätten, dass ihre Mutter in meinem Schatten steht? Es hätte keine Brücke zwischen uns Ehepartnern gegeben und keine Brücke zwischen Mutter und Kindern. In Ländern mit einem stark ausgeprägten Patriarchat muss die Veränderung auch von den Frauen ausgehen. Vielen Frauen überall auf der Welt wird von Geburt an eingeimpft, dass Männer mehr wert sind als sie, aber irgendwann müssen sie diese Überzeugung abschütteln und damit anfangen, das einzufordern, was ihnen zusteht. Deshalb nenne ich Tor Pekai meine Mitreisende.

Tor Pekai spielte als Mutter eine enorm wichtige Rolle, weil sie nie versucht hat, Malala in das restriktive Frauenbild zu zwingen, das sie selbst von Kindesbeinen an verinnerlicht hatte. Als Tor Pekai jung war, wurden Mädchen ausschließlich danach beurteilt, ob sie ihren männlichen Verwandten – Vätern, Brüdern und Söhnen – zur Ehre gereichten und wie sehr sie sich bemühten, keine

Schande über die Familie zu bringen. »Schande« ist dabei nicht nur unangemessenes Verhalten. Auch der Drang nach Unabhängigkeit kann Schande sein. Wenn sich ein Mädchen in einen Jungen verliebt, den ihre Eltern nicht für sie ausgesucht haben, und sich ohne männliche Aufsichtsperson mit ihm trifft, dann ist das »Schande«. Einem Mann, der nicht der eigene Ehemann ist, in die Augen zu schauen bedeutet »Schande«. Es gibt ein paschtunisches Sprichwort, das besagt, das ehrenhafteste – mit anderen Worten: das »beste« – Mädchen habe selbst dann noch die Augen zu Boden geheftet, wenn ihr Dorf in Flammen steht. Als Kind fragte Pekai einmal ihre Mutter: »Aber welches Mädchen würde denn auf den Boden schauen, statt zu helfen, wenn überall um sie herum Menschen und Häuser brennen?« Auf diese sehr naheliegende Frage antwortete ihre Mutter lediglich: »Ach, Pekai, was soll ich dazu sagen?«

Pekai zeigte als Frau großen Mut, weil sie bereit war, althergebrachte Vorstellungen über die Unterschiede zwischen den Geschlechtern aufzubrechen.

Zu Beginn unserer Ehe, erst in Barkana und kurz darauf in Mingora, wo unsere Reise in die Freiheit wirklich begann, hatte ich beträchtliche finanzielle Probleme. Ich wollte Lehrer werden und meine eigene Schule aufbauen. Pekai unterstützte mich dabei von Anfang an vorbehaltlos. Selbst während unserer Flitterwochen, die wir im Haus meines Vaters verbrachten, beklagte sie sich nicht, wenn ich jeden Tag loszog, um ehrenamtlich als Lehrer in der Oberschule zu arbeiten, an der ich einst selbst Schüler gewesen war. Rückblickend erkenne ich, dass dies ein wesentlicher Charakterzug von ihr ist. Sie war mein Fels, verlässlich, voller Selbstvertrauen und im Herzen erfüllt von dem Bedürfnis, anderen zu helfen.

Das Geld war immer knapp, und es machte mich unendlich traurig, als Pekai ihre Armbänder verkaufen musste, die sie zur Hochzeit geschenkt bekommen hatte. Wo sollte ich eine Arbeit finden, die es mir ermöglichte, für unsere zukünftige Familie vorzusorgen, und auf die ich gleichzeitig stolz sein konnte, weil ich etwas zum Gemeinwesen beitrug? Die Lage erschien mir hoffnungslos. Weder Pekai noch ich wollten in Karshat oder Barkana bleiben.

Pekai nannte mich von Beginn unserer Ehe an *khaista*, das bedeutet »Schöner«. Meine Neffen nannten mich auch so. Ich bin nicht schön, aber es ist ein wundervoller Kosename, den ich immer noch gern aus ihrem Mund höre. »*Khaista*«, sagte sie, »wenn du anderen Gutes tust, wird Allah schon dafür sorgen, dass wir keine Not leiden.«

Bald darauf, nachdem ich eine Weile an einem renommierten privaten College in Mingora Englisch unterrichtet hatte, gründete ich zusammen mit einem ehemaligen Kommilitonen namens Mohammad Naeem eine Schule. Später nahm ein anderer Freund, Hidayatullah, seinen Platz als mein Partner ein. Es war eine gemischte Grundschule, ein wahr gewordener Traum für einen Mann aus der Unterschicht wie mich, der fest an den Wert von Bildung glaubte. Anfangs hatten wir nur drei Schüler. In der Schule war kein Platz zum Wohnen für ein verheiratetes Paar, trotzdem zog Pekai zu mir nach Mingora, und ich mietete in der Nähe des Schulgebäudes drei schmutzige, heruntergekommene Zimmer an, in denen wir fortan lebten. Dort brachte sie auch unser erstes Kind, ein Mädchen, zur Welt. Es wurde tot geboren. Pekai erinnert sich noch an ihre blasse Haut und das feine Näschen. Ich habe immer die mangelnde Hygiene für die Totgeburt verantwortlich gemacht, aber Tor Pekai beklagte sich fast nie über unsere Lebensumstände. Die Schule war auch ihr Traum. Sie hielt die Lampe, während ich bis spät in die Nacht die Wände der Klassenräume weißelte.

Wir tauften die Schule Khushal-Schule, nach dem paschtunischen Dichter Khushal Khan Khattak, und über den Eingang malten wir den Leitspruch: »Es ist unser Ziel, euch auf den Ruf des neuen Zeitalters vorzubereiten.«

Doch für uns bedeutete dieses neue Zeitalter zunächst einmal Armut. Ich hatte noch hohe Schulden vom College, und das Geld von drei Schülern reichte kaum zum Überleben.

Die Ehe mit Pekai jedoch machte mich sehr glücklich. Schon als Kind hatte sie großen Wert auf ihre Freiheit gelegt. Sie hatte eine starke Persönlichkeit und war oft durch unser Nachbardorf Karshat gerannt, bis der Beginn der Pubertät und die *purdah*-Vorschriften ihren Streifzügen ein Ende machten. Seitdem war ihre Bewegungsfreiheit eingeschränkt und ihr Gesicht verhüllt. Die Ehe mit mir und das neue Heim in Mingora, so bescheiden es auch sein mochte, bedeuteten, dass sie nun erneut die Freiheiten genießen konnte, die sie als Kind gehabt hatte. In Mingora tickten die Uhren ohnehin anders als in Barkana. Hier schienen die Frauen grundsätzlich unabhängiger zu sein, und ich bestand darauf, dass Pekai all die Möglichkeiten nutzte, die sie als Frau in einem unserer Dörfer niemals gehabt hätte. Sie ging ohne mich in die Stadt, und zu Hause führten wir eine Beziehung auf Augenhöhe. Wenn ein Mann mich offen dafür kritisierte, nahm ich davon keine Notiz.

Denn ich stellte fest, dass ich, indem ich an Pekais Freiheit Anteil nahm, auch selbst freier wurde. Sie bereicherte mein Leben, indem sie ungehindert sie selbst sein durfte. Pekai war keine Ehefrau, die von einem Mann »beschützt« – das bedeutet: bewacht – werden musste. Die patriarchalen Strukturen, in denen wir lebten und die Frauen keinerlei finanzielle Eigenständigkeit gestatten, zwingen sie in eine Position der Abhängigkeit, in der sie gar keine andere Wahl haben, als ihren Ehemännern – oder später ihren Brüdern, wenn sie Witwen sind – zur Last zu fallen. Darüber hinaus leben sie in permanenter Furcht, weil sie immerzu an die Reinhaltung ihrer Ehre denken müssen. Ich hingegen vertraute

Tor Pekai und war größtenteils frei von den althergebrachten Vorstellungen.

Doch es gab sie noch, die tief sitzenden Regeln meiner Kindheit, und manchmal ertappte ich mich dabei, dass ich mich wie ein alter Paschtune benahm. Es war ein Kampf zwischen dem alten und dem neuen Ziauddin. Ich musste den alten besiegen und den neuen anerkennen, aber das dauerte seine Zeit, und ich war nicht durchgängig erfolgreich.

Wann immer in unserer Ehe der alte Ziauddin zum Vorschein kam, war es Tor Pekai, die ihn in die Flucht schlug. So zum Beispiel gleich im ersten Monat nach unserer Hochzeit, als wir noch in Shangla lebten. Ich hatte ihr mitgeteilt, dass ein Freund von mir zu Besuch kommen wolle. Traditionell erlaubt ein Paschtune seinen Freunden nicht, die eigene Ehefrau zu sehen. Ich aber freute mich darauf, Tor Pekai meinem Freund vorstellen zu können. Sie kannte ihn aus dem Ort, aber als verheiratete Frau war sie ihm noch nicht begegnet. Als ich ihr nun den Besuch ankündigte, meinte sie, sie wolle sich schminken, um ein wenig präsentabler auszusehen. Instinktiv erwiderte ich: »Warum willst du dich für ihn hübsch machen?« Das war der Paschtune in mir.

Doch sie gab nicht so schnell klein bei. Sie sagte: »Es ist mein gutes Recht, mich zu schminken. Das hier ist auch mein Haus. Wenn es dir nicht passt, warum bringst du deinen Freund dann mit?« Ich schämte mich. »Es tut mir leid«, sagte ich. »Du hast recht.«

Ein anderes Mal, da waren wir schon länger verheiratet, folgte uns in Mingora ein Mann nach Hause. Wir hatten gerade einen neuen Lehrer meiner Schule besucht und für den Hinweg eine Rikscha genommen. Trotz meiner Ansichten zum Thema Gleichberechtigung empfand ich ein gewisses Unbehagen, als ich mit Pekai zusammen den Gehweg entlanglief. Frauen gingen nicht mit ihren eigenen Ehemännern durch die Straßen, sondern mit ihren Brüdern oder Vätern. Ich beschleunigte meine Schritte, sodass Pekai ein wenig zurückfiel, obwohl wir natürlich dasselbe Ziel hatten. Der Mann folgte uns bis nach Hause und meldete mich später dem Eigentümer des Schulgebäudes, das ich angemietet hatte und in dem wir zu jener Zeit auch wohnten. Dieser klopfte später an unsere Tür. Als ich öffnete, sagte er: »Mir wurde berichtet, dass Sie eine Frau hierhergebracht haben. Können Sie mir das bitte erklären?« Ich entgegnete: »Diese Frau ist meine Ehefrau! Ich miete dieses Gebäude! Mischen Sie sich gefälligst nicht in meine Angelegenheiten ein.« Ich war außer mir vor Wut, aber in meinem Unbehagen, in der Öffentlichkeit zusammen mit meiner Frau gesehen worden zu sein – nichts weiter als eine Bestätigung ihrer Freiheit –, hatte ich mich benommen, als wäre ich schuldig. Pekai ärgerte sich über den Mann, der uns gefolgt war, weil dieser sofort eine Ehrverletzung gewittert hatte oder sie für eine sündige Frau hielt. Aber ich war derjenige, der sie enttäuscht hatte. Ich hätte voller Stolz neben meiner Pekai durch die Straßen von Mingora gehen sollen.

Einen Aspekt des täglichen Lebens gab es allerdings, in dem Tor Pekai streng an den Traditionen festhielt, und das war das Tragen des Schleiers. In der Öffentlichkeit trug sie ihn so, dass er ihr Gesicht fast vollständig verdeckte. Bis wir im Jahr 2012 nach dem Anschlag auf Malala Pakistan verließen, brachte sie es nicht über sich, die Verschleierung ihres Gesichts zu lockern. Ich sagte zu ihr: »Pekai, *purdah* ist nicht nur der Schleier, *purdah* ist auch im Herzen.« Wenn Malala und ich im Rahmen unserer Kampagne gegen die Taliban in den Medien auftraten, erlaubte Pekai grundsätzlich nicht, dass man sie filmte oder Fotos von ihr machte. 2013 ließ sie sich zum allerersten Mal fotografieren, und zwar als Malala an ihrem sechzehnten Geburtstag eine Rede vor den Vereinten Nationen in New York hielt.

Pekais Haltung zum Thema Schleier hatte ihren Ursprung in ihrer tiefen Frömmigkeit und wurde auch von den Meinungen der Leute aus der Nachbarschaft beeinflusst. Ihr ganzes Leben hatte man sie gelehrt, dass eine gute Muslima sich vor den Augen jedes Mannes, sofern er nicht der eigene Ehemann ist, zu verhüllen hat.

Mithilfe solcher unterdrückerischen Fehldeutungen des Heiligen Korans gelang es den Taliban anfangs, zahlreiche Anhängerinnen zu gewinnen, denn sie nutzten geschickt das Bedürfnis der Frauen aus, möglichst gute Muslimas zu sein.

Wenn der Anführer der Taliban, *maulana* Fazlullah, über seinen Piratensender direkt zu tiefgläubigen, wenig gebildeten Frauen wie Pekai sprach, dann wusste er genau, wie er sie dazu bringen konnte, ihre fundamentalen Menschenrechte aufzugeben: Er musste ihnen nur einreden, sie seien keine guten Muslimas, wenn sie ihn hinterfragten oder an seinen Äußerungen zweifelten. Wie so viele Frauen in Mingora war auch Pekai zu Beginn eine Anhängerin Fazlullahs. Aber wieso sollte es Gottes Missfallen erregen, wenn Mädchen zur Schule gingen? Wieso sollte Gott erlauben, dass die Taliban in seinem Namen mehr als vierhundert Schulen in die Luft sprengten? Pekai änderte recht schnell ihre Meinung über Fazlullahs im Radio übertragene Predigten, doch viele Frauen in ihrem Umfeld glaubten ihm weiterhin.

Was den Schleier betraf, fürchtete Pekai den Tadel anderer Frauen, und das mit Recht. Frauen urteilten tatsächlich über ihre Geschlechtsgenossinnen, weil sie es von den Männern, die über ihr Leben bestimmten, nicht anders kannten. So funktioniert soziale Konditionierung.

Nein, den Schleier legte Pekai nicht ab, trotzdem war sie für mich die mutigste Frau von ganz Mingora. Ohne sie wäre ich in meinem Leben keinen einzigen Schritt weit gekommen. Weil sie immer bei mir war und mich und Malala unterstützte, hatten wir das Gefühl, mit unserer Kampagne für Mädchenbildung nicht allein zu sein. »Mit ihrem Engagement spricht Malala mir aus der Seele«, sagte sie. Und ich half Pekai ebenso, denn ohne mich, einen Ehemann, der bereit war, seine Frau als ihm ebenbürtig zu betrachten, hätte sie in einer patriarchalischen Gesellschaft wie der unsrigen niemals frei sein können.

Es ist wahr, dass Tor Pekai meine Unterstützung und Hilfe brauchte, so wie viele Mädchen und Frauen in patriarchal geprägten Gesellschaften die Unterstützung ihrer Väter oder Ehemänner brauchen, damit ihr Leben sich ändern kann. Das sind nun einmal die kulturellen Rahmenbedingungen ihrer Länder. Ich finde nichts Schlimmes daran, wenn Jungen und Männer erkennen, dass auch sie eine Verantwortung tragen und ihren eigenen Beitrag zur Gleichberechtigung leisten müssen. Wenn sie sich die Situation der Frauen bewusst machen und Maßnahmen ergreifen, um ihnen ein besseres Leben zu ermöglichen, so ist dies keine Bevormundung, sondern im Gegenteil absolut notwendig und eine Frage von Anstand und Menschlichkeit.

In den frühen Tagen unserer Ehe ernteten wir für unsere neue Lebensweise jede Menge Kritik. Und als im Juli 1997, zwei Jahre nach der Totgeburt unserer ersten Tochter, Malala auf die Welt kam und ich ihren Namen als erstes Mädchen seit dreihundert Jahren in unseren Familienstammbaum eintrug, stieß auch das auf Unverständnis. Einige meiner Verwandten weigerten sich, Malalas Geburt zu feiern oder auch nur einen Blick in ihre Wiege zu werfen, weil sie ein Mädchen war. Mit welchem Interesse – beziehungsweise Desinteresse – die Leute Malala begegneten, wurde fortan für mich zu einer Art Richtschnur. Wenn Pekai mir erzählte, dass jemand zu Besuch gewesen sei, fragte ich als Erstes: »Wollten sie Malala sehen?« Wenn die Antwort Nein lautete, war die betreffende Person für mich gestorben.

Ich wollte keine Revolution anzetteln oder eine Fehde beginnen, aber manchmal muss man eine klare Grenze ziehen zwischen dem, was man noch hinnehmen kann, und dem, was eben nicht mehr hinnehmbar ist. Wenn jemand Malala allein aufgrund ihres Geschlechts mit Gleichgültigkeit begegnete, so konnte ich das nicht tolerieren.

Aber Allah war mit uns. Es war mein Freund Hidayatullah, der als Erster bemerkte, dass sich das Schicksal unserer Schule nach Malalas Geburt zum Positiven zu wenden begann. Es war, als hätte sie einen Schwall Glück mit auf die Welt gebracht. Und was mich persönlich anging: Ich hatte jetzt zwei wunderschöne Frauen an meiner Seite und war glücklicher als je zuvor.

Pekai war es genauso wichtig wie mir, dass auch Mädchen, deren Eltern sich das Schulgeld nicht leisten konnten, an der Khushal-Schule eine Chance auf Bildung bekamen. Sie selbst bereute bitter, nicht zur Schule gegangen zu sein, und wollte verhindern, dass sich in der nächsten Generation dieselben Fehler wiederholten. Unsere Schule nahm Gebühren, trotzdem waren wir stets bemüht, möglichst vielen Mädchen aus ärmeren Familien den Besuch zu ermöglichen. Es galt, ein prekäres Gleichgewicht zu halten, was uns ein ums andere Mal vor Probleme stellte.

Als Malala und die Jungen in der Schule waren, hatte diese gerade angefangen, schwarze Zahlen zu schreiben, und ich war nicht länger gezwungen, Hausmeister, Buchhalter und Schuldirektor in einer Person zu sein. Die Schule war bis auf achthundert Kinder angewachsen, und inzwischen gab es drei Gebäude: die alte Grundschule, eine Oberschule für Mädchen und eine für Jungen. Ursprünglich hatte ich 2003 eine gemischte Oberschule eröffnet, doch innerhalb eines Umfelds, das darauf bestand, heranwachsende Mädchen von Jungen zu trennen, hatte sich ein gemeinsamer

Unterricht auf Dauer als nicht durchführbar erwiesen. Die Widerstände waren einfach zu groß. Ich hatte unzählige Beschwerden von Vätern bekommen, und irgendwann hatte ich zu meinem großen Bedauern dem Druck nachgeben müssen. Hidayatullah und ich gingen zu diesem Zeitpunkt ebenfalls bereits getrennte Wege, sodass ich nunmehr der alleinige Direktor der Schule war – wenigstens bis ich einige Zeit später tatkräftige Unterstützung von Madam Maryam erhielt, die die Leitung der Mädchenschule übernahm.

Pekais Mission war es, so viele Mädchen wie möglich für die Schule zu werben. Das machte sie zu einer einflussreichen lokalen Aktivistin.

Mütter, die Wert darauf legten, dass ihre Töchter Unterricht bekamen – und sei es nur für ein paar Jahre –, wandten sich immer zuerst an Pekai, wenn sie finanzielle Nöte hatten und um einen Freiplatz bitten oder eine Reduzierung der Gebühren erreichen wollten. Pekai war eine ausgezeichnete Fürsprecherin für sie. Ihr Erfolg beruhte darauf, dass alle wussten, wie wichtig mir ihre Meinung war, und dass ich oft auf sie hörte. Das war in unserer Gesellschaft extrem ungewöhnlich, denn normalerweise war es andersherum: Die Frau tat das, was der Mann sagte. Später setzte sich auch Malala für die Vergabe von Freiplätzen ein.

Wenn Väter ein Anliegen hatten, suchten sie mich für gewöhnlich in der Schule auf. Ihre Frauen jedoch stellten es klüger an: Sie kamen direkt zu uns nach Hause; zu jener Zeit bewohnten wir mehrere kleine Zimmer über den Klassenräumen. Ein solcher Besuch konnte dann zum Beispiel folgendermaßen ablaufen: Eine Mutter, deren Kinder auf unsere Schule gingen, sagte zu Pekai: »Oh, *bhabi*, wir können die Gebühren nicht mehr bezahlen, sie sind zu hoch. Bitte, ich flehe Sie an, können Sie nicht dafür sorgen, dass uns ein Teil erlassen wird?« Woraufhin Pekai antwortete: »Na gut, ich rede mit ihm.« Wenn ich dann nach Hause kam, sagte sie zu mir: »Hier sind die Gebührenkarten der Kinder dieser Familie. *Khaista,* sei so gut und erlass ihnen einen Teil.« Und ich antwortete: »Also schön, hier steht zweihundert Rupien. Reduzieren wir den Betrag auf hundertfünfzig«, woraufhin Pekai mit mir zu feilschen begann. »Das ist immer noch zu viel! Der Betrag muss deutlich niedriger sein!«

Um Neujahr herum kamen besonders viele Frauen zu uns, weil dann zusätzliche Kosten anfielen. Mir ging es nicht darum, reich zu werden, aber ich hatte Rechnungen und Löhne zu bezahlen, außerdem musste ich auch Madam Maryam zufriedenstellen, die für die Buchhaltung der Mädchenschule verantwortlich war. Manchmal kam sie zu mir und sagte: »Sir, Tor Pekai hat schon wieder neue Mädchen aufgenommen«, oder: »Sie hat einer Familie versprochen, dass wir für ihre Bücher aufkommen. Langsam glaube ich, meine Schule wird zur Hälfte von der Tor-Pekai-Stiftung geführt.«

Wenn ich Pekai erklärte, dass die Schule kostendeckend arbeiten müsse, weil ihr sonst die Schließung drohe, antwortete sie ruhig: »Allah wird niemals zulassen, dass deine Schule pleitegeht, wenn du Gutes für diese Mädchen tust.« Sie glaubte von ganzem Herzen daran, und es stimmte: Die Schule ging tatsächlich nie pleite.

Wenn die Leute an unsere Familie denken, kommt ihnen zuallererst Malala in den Sinn, weil sie eine der weltweit einflussreichsten Vorkämpferinnen für gesellschaftlichen Wandel ist. Als Nächstes denken sie vielleicht an mich, weil ich Malala jahrelang auf ihren Kampagnen begleitet habe. Wir engagieren uns nach wie vor gemeinsam für Mädchenbildung, auch wenn ich heutzutage in erster Linie ihr Vater bin, was mich ungeheuer froh macht.

Wenn ich jedoch an Malala und an den Ursprung ihres sozialen Engagements denke, so denke ich immer auch an ihre Mutter Tor

Pekai. Pekais Aktivismus ist spontan und kommt von Herzen und gründet auf ihrer unerschütterlichen moralischen Stärke. Ihr Bedürfnis, anderen zu helfen und ein guter Mensch zu sein, speist sich aus ihrem innersten Selbst, aus ihren Wurzeln als Mensch und aus ihrem Glauben. Ich finde, wir brauchen viel mehr Aktivisten wie sie.

Früher hätte sich Pekai niemals als Aktivistin bezeichnet – im Gegensatz zu heute. Sie hat es sich zur Aufgabe gemacht, den pakistanischen Familien zu helfen, die infolge des Taliban-Anschlags 2014 auf die Army Public School, eine vom Militär betriebene öffentliche Schule in Peschawar, nach Großbritannien gekommen sind. Bei dem Anschlag wurden 132 Kinder und sieben Lehrkräfte erschossen. Eine Lehrerin wurde vor den Augen der Kinder angezündet. Zwei Jungen aus dieser Schule leben mittlerweile in Birmingham und werden von Pekai betreut. Sie hat auch noch einen dritten Jungen unter ihre Fittiche genommen, der einen anderen Anschlag der Taliban in Pakistan überlebt hat. Sie versucht, ihnen durch ihre Freundschaft und ihr Mitgefühl das Leben ein wenig leichter zu machen.

Ich bin der Ansicht, dass es die Fähigkeit zur Güte ist, die uns Menschen von anderen Lebewesen unterscheidet. Wir können Hundekämpfe ansehen, wilde Tiere, die sich im Dschungel gegenseitig zerfleischen, oder große Fische, die kleine Fische fressen – aber wenn das Handeln der Menschen von Hass und Gewalt bestimmt wird so wie bei den Taliban, dann ist es die Aufgabe von uns allen, Liebe und Mitgefühl zu verbreiten, um die Unmenschlichkeit zu besiegen.

Ich habe seitdem viel darüber nachgedacht, welche Namen man uns gibt – mit welchen Begriffen man uns bezeichnet. Oft sind es Begriffe, die aus dem Westen stammen. Tor Pekai und ich waren »Ehrenamtliche«, ehe wir jemals vom Konzept des »Ehrenamtes«

gehört hatten – ein Wort, das ich erst in den USA lernte. Genau wie ich das Wort »Feminist« zum ersten Mal hörte, als ich bereits in England lebte. Mehr als vierzig Jahre lang war ich Feminist gewesen, ohne den Namen dafür zu kennen.

In diesem Sinne würde ich Tor Pekai als eine frühe Aktivistin bezeichnen. Aktivismus beginnt dort, wo man das eigene Handeln in den Dienst anderer stellt. Als Malala und die Jungen noch klein waren, erlebten sie aus nächster Nähe, dass Pekai sich nicht nur um die Familie kümmerte, sondern auch um andere Menschen, um Freunde und Freundinnen und sogar um Leute, die sie überhaupt nicht kannte. Sie erfüllte unser Zuhause mit dem Geist ihrer Güte und Hilfsbereitschaft. Sie wurde nie müde, anderen beizustehen und sich für Bedürftige einzusetzen. Sie gab ihnen zu essen, einen Platz zum Schlafen und unterstützte sie, wo sie nur konnte, obwohl sie selbst nicht viel hatte. Einem einzigen Menschen zu helfen kann genauso wichtig sein, wie eine ganze Armee zu mobilisieren.

Wenn ich heute auf diese Jahre zurückblicke und sehe, wie wichtig es Tor Pekai war, anderen Menschen Gutes zu tun und Mädchen wie Malala eine Schulbildung zu ermöglichen, dann frage ich mich, ob ich sie nicht dazu hätte ermuntern sollen, selbst auch wieder zur Schule zu gehen. Eine der vielen Fragen, die man im Zusammenhang mit unserer Familie immer wieder hört, ist diese: »Wie kann es sein, dass Malala und ihr Vater so leidenschaftlich für Bildung eintreten und Tor Pekai Analphabetin ist?« Ich hoffe, es ist im Sinne meiner Frau, wenn ich an dieser Stelle für sie antworte. Ich habe ihr nämlich einmal genau dieselbe Frage gestellt, und da erwiderte sie: »Ich hatte alle Freiheiten, die ich wollte. Ich habe dich geliebt, und ich habe meine Kinder geliebt. Ich war glücklich. Es war meine Entscheidung.«

Es ist eine traurige Tatsache, dass Pekais fehlende Schulbildung ihr alltägliches Leben in Mingora vor der Talibanisierung in keiner Weise beeinträchtigte. Viele Frauen hatten nie eine Schule von innen gesehen. Was Pekai von ihnen abhob, war der Umstand, dass sie sich relativ frei bewegen konnte und wenigstens auf diese Weise geistige Nahrung erhielt. Oder wie ein Freund es einmal formulierte: »Tor Pekai hat vielleicht keine Schulbildung, aber gebildet ist sie trotzdem.« Später, im Zuge der Talibanisierung, durften nicht einmal mehr Mädchen im schulfähigen Alter zum Unterricht gehen, geschweige denn erwachsene Frauen wie Pekai.

Für viele Mütter beginnt ein neuer Lebensabschnitt, wenn ihre Kinder in die Schule kommen, weil sie dann wieder mehr Zeit für sich haben. So war es auch bei Pekai. Nach Atals Einschulung hatte sie das Gefühl, etwas Neues ausprobieren zu wollen, und im Jahr 2012, wenige Monate vor dem Attentat auf Malala, begann sie bei Miss Ulfat, einer Lehrerin aus der Grundstufe an der Khushal-Schule, Englischunterricht zu nehmen.

Als die Taliban nach Mingora kamen, hatte Pekai keinerlei Erfahrung damit, auf einer Bühne zu stehen. Sie verfügte nicht über das Selbstbewusstsein, ihren Vorstellungen über die Notwendigkeit von Mädchenbildung Ausdruck zu verleihen, noch besaß sie die Kühnheit ihrer Tochter. Doch sie war froh, dass Malala und ich das taten, was sie selbst nicht in der Öffentlichkeit, vor Fernsehkameras oder einem Publikum zu tun wagte. Mit dem, was wir sagten, verliehen wir ihren Gefühlen und Gedanken Ausdruck, und deshalb unterstützte sie uns vorbehaltlos. Niemals hätte sie gedacht, dass es dazu führen würde, dass die Taliban ihr Kind töten wollten.

Als die Vögel nicht mehr sangen

Heute floss wieder Blut in meiner Heimatstadt.
Ein Bruder beging einen Ehrenmord.
Ein Bruder tötete seine Schwester.
Er folgte den Spuren Kains,
Der seinen Bruder Abel aus Neid erschlug.

Wieder offenbart sich die Gesellschaft als Feind der Liebe.
Die Sitte offenbart sich als Feind der Liebe, die Tradition
offenbart sich als Feind der Liebe.
Wieder wurde die Liebe durch Eifersucht bezwungen.
Liebende sind fassungslos.
Kinder fürchten sich.
Menschen fliehen in Todesangst.

Heute floss wieder Blut in meiner Heimatstadt.
Das Universum erzitterte.
Der Gesang der Vögel ist verstummt.
Brüder machen die Hochzeiten ihrer Schwestern
zu Begräbnissen.
Brüder übergeben ihre Schwestern nicht der neuen
Familie,
Sie schicken ihre Schwestern ins Grab.
Brüder folgen nicht dem Brautumzug,
Sie folgen einem Sarg;
Brüder zahlen keine Mitgift, sie vergießen Blut.
Statt der Liebe kommt der Tod.
Und statt Ehre, Schande.

»Ehrenmord« von Ziauddin Yousafzai, 1994

Vierundzwanzig Jahre sind vergangen, seit ich dieses Gedicht geschrieben habe. Anlass war der Mord an einer jungen Frau und ihrem Freund in Mingora. Sie wurden vor dem Haus des Mädchens getötet. Solche Morde waren für mich der ultimative Beweis dafür, dass Frauen in unserer Gesellschaft keinen Wert hatten, und ein Zeugnis für die fundamentale Ungerechtigkeit des ihnen aufgezwungenen Lebens. Das Entsetzen, das solche Ehrenmorde bei mir auslösten, wurde durch meine Liebe zu Tor Pekai und Malala nur noch größer. Sie kamen nicht allzu häufig vor, aber doch oft genug, dass man nie versucht sein konnte zu glauben, sie gehörten der Vergangenheit an. Jedes Mal, wenn eine solche Tat verübt wurde, bestärkte mich das in meiner Entschlossenheit, ein anderer Mann zu werden.

Tor Pekai und ich sind täglich in Kontakt mit unseren Freunden und Verwandten in Pakistan. Kürzlich hörten wir von einer Frau, die außerhalb ihrer Ehe die Liebe gefunden hatte. Sie war seit zwanzig Jahren mit einem älteren Mann verheiratet, dem sie als junges Mädchen in die Ehe gegeben worden war, als Ersatz für seine verstorbene erste Frau und neue Mutter seiner Kinder. Irgendwann verschwand sie, und es stellte sich rasch heraus, dass sie davongelaufen war. Doch die Familie ihres Ehemannes spürte sie auf und brachte sie zurück. »Bitte, verschont sie«, wandte sich der Mann an seine männlichen Verwandten. »Für mich ist sie nach wie vor rein. Es gibt keinen Ehrverlust.«

So war der Stand der Dinge, als Tor Pekai von der Sache erfuhr. Eine Zeit lang hing das Schicksal der Frau in der Schwebe. Ihr eigener Ehemann hatte für sie um Gnade gebeten, aber die Frage der Schande betraf nicht nur ihn allein. Der Ältestenrat wurde einberufen.

Ich sage immer: Wenn Tor Pekai hundert Tränen vergießt, dann gelten fünfundneunzig davon dem Leid anderer, nicht ihrem eigenen. Sie war außer sich vor Verzweiflung und versuchte, die Frau zu retten. Von unserem Haus in Birmingham aus rief sie jeden an, der ihr einfiel und der womöglich helfen konnte, den befürchteten Ausgang noch abzuwenden. »Bitte, lasst nicht zu, dass man ihr das antut«, hörte ich sie flehen. »Mit einer unehrenhaften Tat kann man seine Ehre auch nicht wiederherstellen. Habt ein Herz. Das ist unmenschlich. Das hat nichts mit Ehre zu tun.«

Sie bat mich, ebenfalls Leute anzurufen, was ich auch tat. Ich kontaktierte einen Bekannten, von dem ich hoffte, dass er Einfluss auf das Geschehen nehmen könnte. Ich war so weit weg und fühlte mich vollkommen hilflos. Wäre ich vor Ort gewesen, hätte ich direkt an die Familie appelliert, aber von Birmingham aus war mir das nicht möglich. »Mir sind die Hände gebunden«, sagte mein Bekannter.

Am nächsten Tag klingelte mein Telefon. Es war ein Kontakt aus Pakistan. »Es ist vorbei«, sagte er. »Sie wurde gestern Nacht getötet.« Man hatte die Frau erdrosselt. Als ich den Anruf bekam, waren sie bereits dabei, Vorkehrungen für die Beerdigung zu treffen.

Tor Pekai und ich weinten eine Woche lang. Wir konnten nicht schlafen. Abgesehen von dem Attentat auf Malala hat uns nichts in unserem ganzen Leben jemals so tief erschüttert. Ich hörte, dass die Polizei in Pakistan in dem Fall ermittelte, aber meines Wissens wurde nie jemand dafür zur Rechenschaft gezogen. Ehrenmorde sind in Pakistan gegen das Gesetz, aber in ländlichen Gegenden gelten solche Gesetze oft nicht viel.

Ich würde »Liebe« als Freiheit definieren. Die unhaltbare Situation der Frauen kann verbessert werden, wenn wir unser Denken ändern, wenn wir nur einige wenige Normen, die das Zusammenleben in Familie und Gesellschaft regeln, aufbrechen und wenn die Regierungen der betreffenden Länder diskriminierende Gesetze, die gegen fundamentale Menschenrechte verstoßen, abschaffen. Ich mache mir keine Illusionen: So etwas erfordert großen Mut von Männern wie Frauen.

Manche Männer schämen sich, oder es ist ihnen peinlich, sich für die Rechte von Frauen zu engagieren. Es gibt viele Männer, die bereit sind, ihre Einstellung zu überdenken, wenn es um die Zukunft ihrer eigenen Töchter geht, aber manche ermutigen ihre Töchter zur Freiheit, ohne den Wandel in sich selbst zu suchen. Sie glauben an Gleichberechtigung, aber sie rufen ihre Überzeugung nicht laut heraus. Sie muss aber laut herausgerufen werden, denn Frauenfeindlichkeit ist nach wie vor überall. Manchmal sind es nur Witze oder beiläufige Kommentare, aber letztendlich speist sich alles aus derselben Quelle: aus der Einstellung, dass Frauen den Männern nicht ebenbürtig sind.

Ich war noch nicht lange in Birmingham, da wollte ein pakistanischer Taxifahrer, der mich zur New Street Station fuhr, mir ein paar gut gemeinte Ratschläge mit auf den Weg geben:

»Es gibt drei Dinge in diesem Land, auf die kein Verlass ist«, sagte er. Ich fragte: »Welche sind das?« Er antwortete: »Das Wetter, die Arbeit und die Frauen.«

Daraufhin sagte ich zu ihm: »Also gut, bei zweien würde ich Ihnen vielleicht zustimmen – aber nicht bei allen dreien. Ich verstehe, dass man Arbeit bekommen und sie wieder verlieren kann. Und was das Wetter angeht, haben Sie sicher recht: Hier in Großbritannien regnet es morgens, und am Nachmittag scheint die Sonne. Aber Frauen? Da widerspreche ich Ihnen vehement! Seien Sie ganz ehrlich«, bat ich ihn. »Sie sind ein verheirateter Mann, Sie haben selbst eine Frau. Sagen Sie mir, wer die verlässlichere Person in Ihrer Familie ist. Wer ist liebevoller in Ihrer Ehe, Sie oder Ihre Frau?« Da wurde er auf einmal ganz verlegen und lachte nervös. »Ja, Sie haben recht. Meine Frau ist wirklich sehr verlässlich und liebevoll.«

Was hatte diesen glücklich verheirateten Mann dazu bewogen, sich so über Frauen zu äußern?

»Warum sagen Sie dann so etwas, wenn Sie doch Ihre eigene Frau lieben, die für Ihre Familie sorgt und so viel Gutes bewirkt?«, wollte ich von ihm wissen.

»Das ist doch nur so ein Spruch; viele Leute sagen das!«

Und ich entgegnete: »Aber Sie müssen es doch nicht nachplappern! Das ist die typische Propaganda von Männern, das Gedankengut von Männern. Raten Sie anderen lieber, dass auf das Wetter, die Arbeit und die Männer kein Verlass ist!«

Wir weinten wie Kinder

Die ersten Monate, ja, die ersten ein oder zwei Jahre in England waren eine harte Zeit für unsere Familie. Nach dem Anschlag auf Malala vergossen wir mehr Tränen, als ich je für möglich gehalten hätte. Neben den Verletzungen an ihrem Ohr und in ihrem Gesicht musste auch ein Teil der Schädeldecke entfernt und zur Konservierung in das Unterhautgewebe ihres Bauchs eingepflanzt werden, weil ihr Gehirn anschwoll. Inzwischen hat sie eine Metallplatte dort, wo ihr Schädelknochen zertrümmert wurde – ihr eigenes Knochengewebe konnte ihr doch nicht wieder eingesetzt werden.

Als Malala in Birmingham im Krankenhaus lag und wir an ihrem Bett saßen, schien von ihrem wunderschönen Gesicht nichts mehr übrig zu sein. Das Schockierendste und Traurigste war, dass die linke Seite ihres Gesichts aufgrund einer Lähmung herunterhing. Unsere wunderschöne Malala sah aus wie ein vollkommen anderes Mädchen. Sie hatte ihr Lächeln und ihr Lachen verloren, und ich musste mit ansehen, wie Tor Pekai die Tränen über das Gesicht liefen und auf ihren Schleier tropften. Malalas Lächeln kehrte schließlich zurück, im darauffolgenden Sommer nach einer plastischen Operation, doch anfangs war die Ungewissheit groß.

Ein traumatisches Ereignis kann zwei Ehepartner fester zusammenschweißen, aber es kann sie auch entzweien. Unsere Ehe wurde durch den Schrecken, Malala fast verloren zu haben, stärker, wenngleich wir das Gefühl hatten, dass mit dem Tod unseres Kindes auch unser Leben vorbei gewesen wäre.

Wir waren zunächst im Gästehaus des Queen Elizabeth Hospitals untergebracht, ehe wir in eine Wohnung im zehnten Stock eines Wohnblocks im Stadtzentrum von Birmingham umsiedelten. Danach zogen wir noch zweimal um. In den frühen Tagen nach unserer Ankunft in Großbritannien schaute Tor Pekai oft aus dem Fenster und beobachtete die Frauen unten auf der Straße, die unbeschwert und frei in der Abendluft spazieren gingen und dabei – nach Maßstäben der Frauen auf den Basaren von Mingora – überaus knapp bekleidet waren. Sie weinte Tränen der Verwirrung und der Angst. »*Khaista,* diese Frauen werden sich in der Kälte doch den Tod holen.«

Unmittelbar nach dem Attentat auf Malala hatte ich keine Tränen vergossen, doch jetzt weinten Tor Pekai und ich oft die ganze Nacht lang. Wir weinten so, wie Kinder weinen. Unsere Tränen flossen unaufhaltsam, und wir zitterten dabei am ganzen Leib. Unsere Trauer war wie ein Gewittersturm. Es war noch nicht absehbar, ob und in welchem Ausmaß Malalas Leben in Zukunft eingeschränkt sein würde. Es gab so viele Möglichkeiten: Lähmung einer Gesichtshälfte, Verlust der Sprachfähigkeit, Gedächtnisschwäche. Dennoch standen wir jeden Morgen aus unserem Bett im Gästehaus auf, gingen hinüber in die Klinik und setzten uns an Malalas Bett, um einen weiteren Tag zu warten, voller Hoffnung und zugleich erfüllt von der Angst, dass heute der Tag sein könnte, der uns weitere schlimme Nachrichten bringen würde.

Tor Pekai und ich trafen jede Entscheidung über Malalas Behandlung gemeinsam. Ich fungierte dabei als Dolmetscher, weil sie nicht verstand, was die britischen Ärzte uns erklärten. Später entschuldigte sich Dr. Fiona bei mir dafür, dass sie mich gefragt hatte, ob ich Pekai in meine Entscheidungen mit einbezog. Viele Männer, sagte sie, würden ihre Frauen nicht mitreden lassen. Doch wir entschieden immer zusammen, selbst bei Kleinigkeiten, zum Beispiel wenn es darum ging, wie wir am besten Malalas Haare zurückbinden sollten. Ich weiß wirklich nicht, was ich ohne Tor Pekai gemacht hätte.

Mit meiner Angst, Malala zu verlieren, kamen auch die Selbstvorwürfe. Ich hatte schreckliche Schuldgefühle, weil ich sie nicht von ihrer Kampagne abgehalten hatte. Es war Tor Pekai, die mir durch diese Phase half, in der sich meine Gefühle und Gedanken ständig im Kreis drehten. Wieder und wieder stellte ich meine Motivation auf den Prüfstand. Was waren meine Ziele gewesen? Wofür hatte ich gekämpft? War mein Anliegen es wert gewesen, dafür das eigene Kind zu opfern? Wie hatte ich die Lage so falsch einschätzen können? Warum hatte ich Malala nicht zurückgehalten? Ich hätte meine Kampagne auch ohne sie weiterführen können. Stattdessen hatte ich sie ermutigt, weil ich fand, dass es ihr Recht war, ihre Stimme zu erheben, wenn sie das wollte. Wir hatten Seite an Seite gekämpft, und dieser Kampf hätte um ein Haar ihren Tod zur Folge gehabt.

Immer und immer wieder gingen mir diese Gedanken durch den Kopf, in Endlosschleife, Tag und Nacht.

Tor Pekai war mein moralischer Kompass. Sie war es, die mich vor dem totalen Nervenzusammenbruch bewahrte. Hätte sie gesagt: »Das ist alles deine Schuld! Du hast für ein höheres Ziel das

Leben deiner Tochter aufs Spiel gesetzt!«, dann weiß ich nicht, ob ich das verkraftet hätte. Solche Worte aus dem Mund der Frau, die mir von allen Menschen am nächsten stand, wären absolut vernichtend gewesen. Doch von ihr kam nie auch nur ein einziger Vorwurf. Sie wusste, dass Malala und ich in unserem Anliegen absolut aufrichtig gewesen waren. Und sie kannte Malalas Willensstärke. Unsere Kampagne gegen die Taliban gehörte nicht mir und Malala allein, sie gehörte auch Tor Pekai. Sie war immer bei uns gewesen. In den dunklen Stunden nach dem Attentat erinnerte sie mich daran, dass unser Kampf von Herzen gekommen war und dass es genauso sehr Malalas Kampf gewesen war wie unserer. Es war Gottes Plan.

Hin und wieder wurde ich schon gefragt: »Sagt Malala jemals zu Ihnen: ›Aba, du hättest mich davon abhalten sollen, öffentlich aufzutreten‹?« Und meine Antwort lautet dann jedes Mal: »Nein. Nie.« Im Nachhinein stellte es sich als Segen heraus, dass Malala sich nicht an den Anschlag erinnern konnte. Seitdem sind sechs Jahre vergangen, und ich habe nie auch nur einen einzigen Seufzer von ihr gehört, ein einziges vorwurfsvolles Wort oder die kleinste Andeutung, dass jemand anders für das verantwortlich sei, was ihr zugestoßen ist. Nicht einmal über den Jungen, der damals abdrückte, verliert sie je ein schlechtes Wort.

Das Trauma, Malala beinahe verloren zu haben, ist für Pekai und mich allgegenwärtig. Es ist tief in unserem Innern vergraben, aber verschwinden wird es nie. Der Schmerz und die Angst, die man empfindet, wenn das eigene Kind in Lebensgefahr schwebt, sind so fundamental, dass sie eine bleibende Narbe hinterlassen. Ich kann nur versuchen, dem Erlebten meine Entschlossenheit, meine tiefe Liebe und Dankbarkeit zu Gott entgegenzusetzen. Denn er hat uns Malala zurückgegeben. Er hat ihr ein neues Leben geschenkt. Daran halten wir uns fest, auch als Familie. Wir sind Menschen, und als solche ist uns der Einsatz für Menschenrechte sehr wichtig. Wir glauben an das, was wir tun, und wir tun das, woran wir glauben. So einfach ist das. Was wir getan haben, war die moralische Antwort auf eine Situation, die uns aufgezwungen wurde. Ich danke Gott dafür, dass er die Reinheit meiner Absichten erkannt und bezeugt hat.

Pekai hat mir geholfen einzusehen, dass unsere Familie sich nicht dafür die Schuld geben darf, dass die Taliban Malala fast erschossen hätten, weil sie sich für ein Recht auf Bildung einsetzte. Malala hat keine Armee aufgestellt. Sie hat keine Waffe in die Hand genommen. Sie hat lediglich ihre Stimme erhoben, und das ist ihr gutes Recht.

Sobald wir uns in Birmingham eingelebt hatten, wurde deutlich, dass Pekais mangelnde Englischkenntnisse im Alltag zu starken Einschränkungen führten. Sie konnte sich kaum verständigen und war aufgrund dessen sehr isoliert, zumal sie nur wenige pakistanische Freundinnen hatte. In Mingora war unser Haus immer voller Menschen gewesen, und in Birmingham kam uns unsere Wohnung anfangs ungewohnt leer vor. Sobald Malala sich erholt hatte, besuchten die Jungen und sie tagsüber die Schule. Ich selbst war im Rahmen meines Postens als Bildungsattaché der pakistanischen Regierung oft unterwegs, und in den Schulferien reiste ich mit Malala, entweder im Auftrag des Malala-Fonds, der nach dem Anschlag ins Leben gerufen worden war, oder um für ihr Buch oder einen Dokumentarfilm über sie zu werben. Ich liebte diese Reisen mit meiner Tochter. Es war fast so wie früher.

Wir dankten Gott, dass Malala überlebt hatte. Pekai sagte: »Wir sind hier, wir sind am Leben, wir sind zusammen.« Sie beklagte sich nie darüber, wenn sie mit den Jungen allein zu Hause blieb, aber das bedeutete nicht, dass sie mit unserem neuen Leben in

England glücklich war. Ich hörte oft, wie sie am Telefon zu einer Freundin aus dem Swat sagte: »Warum bin ich nicht zur Schule gegangen? Warum ist mein Leben so hart? Ich verstehe gar nichts.« Manchmal sah ich sie mit den Resten vom Abendessen durch den Garten gehen. Weil es in unserer Nachbarschaft niemanden gab, dem sie sie geben konnte, versuchte sie damit die Vögel zu füttern. Doch die Vögel wussten, dass sie ihre Gaben nicht fressen durften.

Einer der ersten englischen Ausdrücke, die Pekai lernte, war *top up* – »aufladen« –, weil dieses Wort es ihr ermöglichte, das Guthaben ihrer Prepaid-Karte zu erneuern, sodass sie ihre Freundinnen und Verwandten in Pakistan anrufen konnte. Wir alle vermissten unsere Heimat, aber Pekai tat sich mit vielen grundlegenden Dingen des englischen Lebens, zum Beispiel öffentlichen Verkehrsmitteln oder Kalendern, viel schwerer als der Rest der Familie. Sie konnte nicht einmal ihren Namen auf Englisch buchstabieren, und wenn sie ein amtliches Formular ausfüllen musste, wusste sie nicht, wann sie geboren war. Zu diesen alltäglichen Widrigkeiten gesellten sich nach einer Weile auch noch schreckliche Kopfschmerzen, von denen der Arzt meinte, sie seien eine Reaktion auf das Trauma des Attentats auf Malala.

Trotz ihrer Kopfschmerzen schrieb sich Pekai in einen Kurs für Englisch als Fremdsprache ein. Ich und Malala taten unser Bestes, für sie zu dolmetschen, aber wir waren ja nicht immer bei ihr. Wenn eingekauft werden musste, gingen wir nach Möglichkeit zusammen. Ich war traurig, als mir bewusst wurde, dass Pekais Leben in England im Vergleich zu dem in Pakistan zunächst einen enormen Rückschritt darstellte. Zu Beginn war sie in Birmingham aufgrund der Sprachbarriere und ihrer eigenen Ängste stark eingeschränkt und genoss so gut wie keine Freiheit.

Der Schlüssel zu ihrer Unabhängigkeit war und ist ihre Lehrerin Janet Sculley-Tucker. Pekai lernte Janet in ihrem ersten Englischkurs kennen. Den Kurs musste sie nach einiger Zeit abbrechen, weil ihre Kopfschmerzen zu stark wurden, doch sie blieb mit Janet in Kontakt, und ein paar Monate später nahm sie die Unterrichtsstunden, diesmal bei uns zu Hause, wieder auf.

Janet kommt immer noch zu uns, um Pekai Englisch beizubringen, nicht als Lehrerin, sondern als Freundin. Pekai ist sehr besitzergreifend, was ihre Zeit mit Janet angeht. Manchmal ziehen sich die beiden nach oben in unser Schlafzimmer zurück, damit sie ungestört arbeiten können. Es war Janet, die Pekai beigebracht hat, das Wort »Bildung« zu lesen und zu schreiben.

Janet erkannte von Anfang an, dass Pekai genau wie der Rest der Familie extrem ehrgeizig war. Sie wollte lernen. Langsam kehrte Pekais Selbstvertrauen zurück. Inzwischen trägt sie oft ihre Bücher bei sich, und sie bittet jeden, der zu uns zu Besuch kommt, mit ihr englische Konversation zu üben. Ihre Entschlossenheit hatte sie nie verlassen, sie wurde durch unser neues Leben bloß auf eine harte Probe gestellt.

Janet gab Pekai auch Hausaufgaben, basierend auf dem Spracherfahrungsansatz, einer didaktischen Methode, in der es darum geht, die zu erlernende Sprache möglichst unmittelbar in den Kontext des Lebens und Alltags der Lernenden einzubetten. Pekai erledigte ihre Übungen immer sehr gut und sorgfältig, dennoch sah ich, dass in ihren Hausaufgaben Sätze standen wie »Malala ist siebzehn Jahre alt und geht zur Schule« oder dass sich die Beschreibungen unsere beiden Jungs auf ihr Lieblingsobst, ihre Lieblingsfarben und Hobbys beschränkten.

Diese Beschreibungen waren, was Grammatik und Wortschatz betraf, beeindruckend, allerdings enthielten sie nur einen Bruchteil dessen, was uns wirklich ausmachte. Das führte mir vor Augen, welch schweren Weg meine Frau vor sich hatte und wie hart es ist, in einem Land zu leben, dessen Sprache man nicht beherrscht. Wir waren die Einzigen, denen sie ihre Gedanken und Gefühle in all ihrer Komplexität mitteilen konnte. Viele Erwachsene in Birmingham, die Englisch lernen, sind Einwanderer der ersten Generation, deren Kinder in England zur Welt gekommen sind. Die Kinder sind britisch, aber ihre Mütter müssen erst noch lernen, zu lesen und ihren eigenen Namen sowie die Namen ihrer Kinder auf Englisch zu schreiben. Pekais Entschlossenheit, die fremde Sprache zu meistern, war für mich ein weiterer Grund, stolz auf sie zu sein.

In Pakistan gibt es einen brillanten Mann namens Rafiullah Kakar, der als Rhodes-Stipendiat in Oxford studiert hat. Er hat die Twitter-Bewegung #WeRejectPatriarchy ins Leben gerufen, in der er Männer dazu auffordert, die Namen ihrer Frauen öffentlich zu machen. Rafiullah Kakar startete seine Kampagne, nachdem er selbst den Namen und die Facebook-ID seiner Frau im Internet bekannt gegeben und dafür nicht nur positive, aufmunternde Kommentare, sondern auch herbe Kritik geerntet hatte. Viele hatten ihm davon abgeraten, den Namen der eigenen Ehefrau öffentlich preiszugeben. Seine Twitter-Kampagne war eine Reaktion auf diese kritischen Stimmen. Er schrieb dazu: »Es ist eine Schande, dass wir, vor allem paschtunische und belutschische Männer, im einundzwanzigsten Jahrhundert noch nicht einmal die Namen unserer weiblichen Familienmitglieder öffentlich nennen, geschweige denn ihnen zur Unabhängigkeit verhelfen wollen. Wir hinkender zivilisierten Welt mindestens fünfhundert Jahre hinterher. So wie mir ergeht es fast jedem männlichen Paschtunen und Belutschen, der versucht, am Status quo zu rütteln.«

Die positiven Reaktionen auf seinen Post und #WeRejectPatriarchy waren sehr bewegend. Mein eigener Post, den ich mit großem Stolz verfasste, lautete wie folgt:

MEIN NAME IST ZIAUDDIN YOUSAFZAI. ICH BIN STOLZER EHEMANN VON TOR PEKAI YOUSAFZAI. TOR PEKAI IST HAUSFRAU UND SCHÜLERIN. #WEREJECTPATRIARCHY.

Vor nicht allzu langer Zeit war ich mit Pekai zusammen im Supermarkt. Ich schob den Einkaufswagen, während sie die Lebensmittel hineinlegte. Als wir zu den Kassen kamen, stellte ich mich an. Jemand tippte mir von hinten auf die Schulter. Es war Pekai.

»Du stehst in der falschen Schlange«, teilte sie mir mit. »Wieso? Ich will doch bezahlen.«

Sie schüttelte den Kopf und zeigte auf ein Schild, auf dem »Einkaufskörbe« stand.

Sie machte ein sehr zufriedenes Gesicht. »Du hast einen Wagen, keinen Korb. Du musst dich in die Einkaufswagenschlange stellen.«

Es war nur eine Kleinigkeit, aber sie hatte großen Symbolcharakter. Ich drückte meine Frau ganz fest und sagte zu ihr: »Pekai, du machst mich so glücklich. Ich bin immer stolz auf dich.«

Du meine Güte, ich kann Ihnen gar nicht sagen, wie sehr Pekai das Shoppen liebt. Ich werde bei den Geschäften am Bullring in Birmingham ein Leben lang in der Schuld stehen, denn ihnen ist es zu verdanken, dass sich Pekai in England schneller heimisch gefühlt hat. Ich gestehe, dass ich selbst nach sechs Jahren in England immer noch manchmal ratlos bin, was ich anziehen soll. Wenn ich zu offiziellen Terminen oder auf Veranstaltungen eingeladen bin, gibt es oft eine Kleiderempfehlung: legerer Business-Look, Freizeitkleidung, Geschäftskleidung, Gesellschaftsanzug, Abendgarderobe. Was soll das alles heißen? In Pakistan trug ich immer meinen *shalwar kameez*, aber hier, so erklärt mir Pekai, müsse meine Hose zu meinem Pullover passen, und zu manchen Gelegenheiten müsse man eine Anzughose und ein Oberhemd, aber keine Krawatte tragen, allerdings in jedem Fall ein Sakko, und außerdem müsse die Farbe des Oberhemds mit der der Hose harmonieren. Die Farben richtig zu kombinieren ist für mich ein Ding der Unmöglichkeit, und Pekai hat immer zu allem eine Meinung! Aber in Wahrheit genießt sie meine Kleiderprobleme, weil sie ihr die Möglichkeit bieten, shoppen zu gehen.

Tor Pekai geht so gerne shoppen, dass wir sie schon deswegen aufziehen. Meistens kauft sie Kleider, Taschen und Schuhe. Ich glaube, sie wäre wunschlos glücklich, wenn sie einfach nur jeden Tag von morgens bis abends die Rolltreppen im Bullring hinauf- und hinunterfahren könnte. Ich dagegen halte es nicht einmal zehn Minuten dort aus. Manchmal, so scheint es mir, geht es rauf und wieder runter, rauf und wieder runter, bis ich irgendwann sage: »Ach, Pekai, bitte! Ich brauche eine Tasse Tee.« Kürzlich meinte ein Freund zu mir: »Aber Zia, wird Pekai denn nicht irgendwann müde, wenn sie den ganzen Tag auf den Beinen ist?« Und ich antwortete: »Soll das ein Witz sein? Selbst wenn Pekai fünf Tage lang nonstop shoppen würde, wäre sie am fünften Tag noch so frisch wie jemand, der gerade aus der Dusche gestiegen ist. Shoppen belebt sie. Sie wird niemals müde davon.«

Aber eigentlich mag ich diese Eigenschaft an ihr. Pekai ist sehr großzügig und erzählt immer voller Begeisterung von ihren Shoppingtouren. Vielleicht ist das ein Zeichen dafür, dass sie sich endlich in Birmingham wohlfühlt und auch ihr Englisch gut genug ist. Sie bewegt sich so frei wie auf den Basaren von Mingora, und genau wie früher ist sie am glücklichsten, wenn sie für andere einkaufen kann. Das zeigt mir, dass man einander gut ergänzen kann, auch wenn man nicht dieselben Interessen hat. Ich hasse Shoppen, ich hasse es aus tiefstem Herzen, aber ich liebe Tor Pekai.

Malalas Mutter zu sein hat Tor Pekais Leben verändert, und das nicht nur, weil wir jetzt fern von unserem Heimatland leben. Malala ist zu einer international bekannten Persönlichkeit geworden, folglich steht auch Pekai manchmal im Rampenlicht. Mit der Zeit hat sie gelernt, diese öffentlichen Auftritte nicht mehr nur auf das Dilemma zu reduzieren, wie weit sie ihr Gesicht hinter dem Schleier verbergen soll. Sie hat erkannt, dass sie ihre Position als Mutter von Malala nutzen kann. Inzwischen fühlt sie sich wohl vor der Kamera – sie bedeckt ihre Haare, aber nicht länger ihr Gesicht. Sie lässt sich von Journalisten interviewen und nimmt mithilfe eines Dolmetschers an Diskussionsrunden teil, was noch vor fünf Jahren völlig undenkbar gewesen wäre. Eine Folge davon ist, dass Pekai bei einfachen Frauen in Pakistan zunehmend an Beliebtheit und Einfluss gewinnt. Diese Frauen sehen in Malala eher jemanden wie einst Benazir Bhutto, ein Mitglied der gebildeten Elite, obwohl Malala ja gar nicht aus der Oberschicht stammt. Pekai hingegen ist für sie eine Frau ohne Schulbildung aus einem Dorf im Norden Pakistans. Sie hat eine Tochter großgezogen, die es geschafft hat, all ihre Träume zu verwirklichen. Wenn Pekai spricht, hören diese Frauen jemanden, der so ist wie sie: eine ganz gewöhnliche Person, deren Worte von Herzen kommen und die Rechte einfordert, die ihr selbst und ihrer Tochter zustehen.

Als sie noch klein war, hat Pekai mit ihren Cousinen manchmal ein Spiel gespielt, bei dem es darum ging, die eigene Zukunft vorauszusagen. Eine der Cousinen stellte sich zum Beispiel vor, dass sie mit einem Witwer verheiratet wäre, dass sie viele Kinder hätte und für eine große Familie kochte und putzte. Das zweite Mädchen prophezeite für sich ein einsames Leben. Aber als Pekai an die Reihe kam, sagte sie: »Ich träume davon, in einer richtigen Stadt zu leben, nicht hier in Shangla, und dann lasse ich mir gegrilltes Fleisch und Roti-Brot vom Basar kommen. Das wäre schön.«

Zu einem gewissen Grad haben diese Mädchen tatsächlich ihre Zukunft vorhergesagt. Die Cousine, die sich als Teil einer großen Familie sah, hat heute viele Kinder, die andere ist eine verwitwete Mutter. Pekai wiederum führt ein gänzlich anderes Leben. Schon damals wusste sie, dass sie mehr wollte als das, was das Schicksal normalerweise für Mädchen aus Karshat bereithielt, auch wenn ihre Träume begrenzt waren. Früher in Mingora brachte ich Pekai oft Kebabs oder anderes Essen mit, weil ich mich freute, wenn sie nicht selbst in der Küche stehen musste. Auch heute bringe ich ihr Roti und Kebabs aus unserem pakistanischen Restaurant in Birmingham. Das erheitert sie immer sehr. Aber für die nächste Generation Mädchen wünscht sie sich kein Gegrilltes und kein Roti-Brot. Sie wünscht sich, dass die Mädchen in Shangla sagen können: »Ich will Ingenieurin werden« oder »Ich will Ärztin werden« oder »Ich will mein eigenes Unternehmen gründen«. Das ist das Ziel, und Bildung wird dieses Ziel möglich machen. Das wissen wir, weil Malala der Beweis dafür ist.

Alljährlich zum Jahrestag des Attentats schenkt Pekai Malala eine Geburtstagskarte, um ihr zweites Leben zu feiern, das uns von Allah geschenkt wurde. Als Malala mit dem Tod rang, betete Pekai so laut und inbrünstig vor dem Krankenhaus, dass mein Neffe sie bat, die Stimme zu senken. Aber sie glaubte fest daran, dass ihre lauten Gebete erhört würden.

Pekai glaubt, wenn das Herz von echter Liebe zu den Menschen erfüllt ist, dann erfreut dies den universellen Schöpfer – für sie ist das Allah –, und daraufhin wächst auch in Allahs Herz die Liebe und Güte für die Menschen. Das ist der Kreislauf des Guten. Das ist die Essenz von Tor Pekai.

Kürzlich gab es in Birmingham ein schweres Gewitter. Pekai lernte gerade mit Janet Englisch. Janet konnte sehen, dass Pekai unruhig und verängstigt war. »Na, komm, Pekai«, sagte sie. »Dann schauen wir uns eben einen Film an.« Sie dachte, das wäre eine gute Ablenkung, aber Pekai war entsetzt. »Doch keinen Film!«, wies sie Janet zurecht. Als ich nach Hause kam, erzählte Tor Pekai mir, was passiert war. Für Pekai bedeutete der Donner, dass Allah unzufrieden war. Einen Film zu schauen, dachte sie, hätte ihn nur noch zorniger gemacht.

»Ach, Pekai«, sagte ich. »Du musst dir wirklich keine Sorgen machen, wegen eines Films den Zorn Allahs auf dich zu ziehen.« Wir lachten darüber. Aber Pekai liebt Allah. Sie vergisst nie, dass er es war, der ihr ihre Tochter zurückgegeben hat.

TOCHTER

Oh treue Tochter der ehrwürdigen Eva,
Oh wunderbares Geschöpf des wunderbaren Schöpfers,
Geh deinen Weg, lass deine Entscheidungen
Wirklichkeit werden,
Denn auch diese Entscheidung gebührt dir allein.

Junges Mädchen, du wurdest nicht zum Kochen geboren.
Deine Jugend soll nicht zerstört werden.
Du wurdest nicht als Opfer geboren, und auch nicht
Zum Vergnügen eines Mannes.

Beginne dein neues Leben, schreite auf deinem Weg
voran,
Und wenn das Lied in deinem Herzen traurig ist,
Höre im Ohr eine Hymne der Befreiung.
Wenn du in Ketten liegst, zerbrich sie
So wie man die Berliner Mauer zerbrach.

Wir, deine wahren Brüder, schwören –
Wir, deine gehorsamen Söhne, schwören:
Niemand kann dich angreifen und beleidigen.
Niemand kann dich entmutigen oder dich auf deinem
Weg aufhalten.

Denn auch wir können mutig genug sein,
Die Ketten zu sprengen, die uns fesseln.
Auch wir werden neu denken.

Ziauddin Yousafzai, aus: »Ich verspreche«, 1988

Ein Stern geht auf

Als Malala zur Welt kam, war es früher Morgen. Ihre Geburt brachte ein Licht in mein Leben wie der hellste Stern, der am Himmel aufgeht. Sie war unser Morgenstern. Im Hintergrund ertönte der Ruf zum Gebet, als die Nachbarin, die Pekai bei der Entbindung geholfen hatte, aufgeregt an meine Tür klopfte. Ich hatte im Schulbüro auf dem Sofa geschlafen, während Pekai in unserem kleinen, einfachen Zimmer Malala auf die Welt brachte. Männer waren niemals bei der Geburt zugegen.

Als der *azaan* über die Dächer schallte und Mingora langsam erwachte, öffnete ich die Tür. »Das Kind ist da«, teilte die Frau mir mit. »Es ist eine Tochter. Ein Mädchen.« Rasch lief ich zu Pekai und meiner Tochter. Sie lagen zusammen im Bett, und glauben Sie mir, ich nahm sofort ein Funkeln, einen ganz besonderen Glanz in Malalas Augen wahr. Sie waren nicht zugekniffen, sondern weit geöffnet, und ich sah, wie sie leuchteten. Zwanzig Jahre später befinde ich mich immer noch in der Aura ihres Lichts, in der Glückseligkeit dieses Moments. Sie war so rein und edel, und ihr kleines Gesicht war so wach, als wäre sie bereits einen Monat lang auf der Welt und hätte nicht eben erst die Strapazen der Geburt überstanden. Ich fühlte mich gesegnet, weil ich eine Tochter bekommen hatte, eine Tochter wie Malala. Ich nahm sie auf meine Arme und konnte den Blick gar nicht von ihr lassen, von meinem funkelnden Baby. Das war der Moment. Ich blickte auf sie herab, in ihre offenen Augen, und wusste, dass dies der Beginn einer Reise war, für sie und mich gemeinsam.

Ich hatte das untrügliche Gefühl, dass sie das Kind war, auf das ich gewartet hatte. Man kann sich zu Recht fragen, warum ich denn unbedingt ein Mädchen wollte – in einer patriarchalischen Welt, von der sie keinerlei Unterstützung erwarten konnte. Die Antwort darauf ist simpel: Wenn ich darüber nachdachte, wie es wäre, Vater einer Tochter zu sein, stellte ich mir meine Rolle immer ganz anders vor als die der Väter, die ich von früher kannte, als ich ein Bruder unter zahlreichen Schwestern, ein Junge in einer Schulklasse ohne Mädchen gewesen war. Ich wusste genau, was für ein Vater ich sein wollte, sollte ich jemals das Glück haben, eine Tochter zu bekommen. Ich war mir vollkommen sicher. Ich würde ein Vater sein, der für Gleichberechtigung eintrat, der an seine Tochter glaubte, während sie zur Frau heranwuchs, und der sie Selbstvertrauen lehrte, damit sie in ihrem Leben frei sein konnte wie ein Vogel.

Schon vor Malalas Geburt hatte ich mich für die Sache der Frauen eingesetzt. Ich hatte meiner unglücklichen Cousine beigestanden. Ich hatte viel über meine Schwestern nachgedacht und mir gewünscht, mehr tun zu können, um ihre Lebensumstände zu verbessern. Aber der Mensch, mit dem ich die Reise hin zur Gleichberechtigung wahrhaftig begann, war Malala. Wirklich aktiv wurde ich erst durch sie, denn es ist so, wie ich eingangs sagte: Veränderung beginnt immer bei einem selbst. Malala war ein neues Menschenwesen und sollte nicht an die Vergangenheit gekettet sein. Durch ihre Geburt sah ich all die Möglichkeiten, die die Welt für uns bereithielt, mit völlig neuen Augen. Meine kleine Tochter wurde für mich zu einem Prüfstein.

Darüber, dass die Gesellschaft, in der ich lebte, dieses Kind klein halten könnte, machte ich mir keine Sorgen. Wenn ich sie ansah, wie sie in ihrer gebrauchten Wiege lag, glaubte ich ganz fest daran, dass dieses wunderschöne, funkelnde Kind alles erreichen konnte, was es nur wollte. Ich hatte Vertrauen in sie, und das genügte.

Aber genauso wichtig war es, Vertrauen in meine eigene Rolle als Vater zu haben. Ich war erfüllt von einer so instinktiven, so starken Liebe zu ihr, dass ich das Gefühl hatte, nichts und niemand könne Malala aufhalten, solange ich nur bei ihr war. Wenn ich zurückblicke, spüre ich noch immer diese Entschlossenheit. Ich glaubte fest daran, dass die gesellschaftlichen Normen, all die von Frauenhass und männlichem Chauvinismus geprägten Traditionen, mit denen ich groß geworden war, sie nicht bremsen würden. Ich war ihr Schutzschild.

Ich sagte mir: »Ziauddin, den Leuten wird gar nichts anderes übrigbleiben, als sich dir zu beugen und dich auf deinem Weg zu unterstützen, denn du würdest niemals dem Druck nachgeben und zu den alten Sitten zurückkehren.« Ich war stark, und ich glaubte fest an die Veränderung, die in meinem Herzen begonnen hatte. Ich glaubte daran, dass diese Veränderung so mächtig und wichtig und gerecht und wahrhaftig war, dass keine Kraft auf Erden mich von meinem Weg würde abbringen können. Malala war nicht nur ein Mädchen – sie war auch mein erstes lebendes Kind. Bestimmt wäre mein Zielbewusstsein dasselbe gewesen, hätte ich vor ihr schon mehrere Söhne gehabt; nichtsdestotrotz ist das erste Kind immer etwas Besonderes, vor allem, da wir ihre Schwester zuvor verloren hatten.

In Pakistan kann man eine seltsame Tendenz beobachten. Manche Frauen werden auch von konservativ eingestellten Männern regelrecht verehrt, so zum Beispiel die verstorbene Benazir Bhutto, Tochter von Zulfikar Ali Bhutto und Maryam Nawaz Sharif, die wiederum die Tochter des dreimaligen Premierministers Nawaz Sharif war. Aber alle diese Frauen stammen aus der Oberschicht. Sie werden vom gemeinen Volk bewundert und von Männern aller sozialen Klassen gleichermaßen geachtet. Einfache Männer treten den Parteien dieser großen Frauen bei und zollen ihnen Respekt, aber ihre eigenen Töchter, Mädchen aus der Unterschicht, die ohne Bedienstete aufwachsen und als Säuglinge in gebrauchten Wiegen liegen, werden kaum wahrgenommen. Diese Männer haben kein Vertrauen in ihr eigen Fleisch und Blut. In Pakistan ist der Kampf um Gleichberechtigung zugleich auch ein Klassenkampf. Ich frage diese Männer: »Wenn Sie Benazir Bhutto anerkennen, wieso dann nicht auch ganz normale Mädchen wie Lubnah, Kalsoom und Saba? Warum erträumen Sie sich keine große Zukunft für die Mädchen bei Ihnen zu Hause – für die wundervollen, tüchtigen Frauen, die direkt neben Ihnen an Ihrer Feuerstelle sitzen?«

Die Wahrnehmung von Malala und Tor Pekai hat sich mit der Zeit stark gewandelt. Wie bereits erwähnt, betrachten die Frauen aus unserem ehemaligen Umfeld Pekai mittlerweile als Vorbild, weil ihr Status als Malalas Mutter ihr die Möglichkeit gegeben hat, sich in der Öffentlichkeit Gehör zu verschaffen. Malalas internationale Bekanntheit und der Friedensnobelpreis haben dazu geführt, dass man uns als einer höheren sozialen Schicht zugehörig betrachtet, aber natürlich stimmt das nicht. Ich habe unseren Familienmitgliedern erklärt: »Wir kommen von euch, wir sind bei euch, und wir gehören zu euch.« Ein Vetter von Pekai sagte einmal zu ihr: »Tor Pekai, du bist wirklich bewundernswert. Sprich zu uns, denn wenn du etwas sagst, ist es immer etwas Kluges. Wir sind sehr stolz auf dich.« Und gleichzeitig macht er keinerlei Anstalten, seine eigene Frau zum Sprechen zu ermuntern. »Wieso erkennt ihr Frauen nur dann an, wenn sie vor euch auf einer großen Bühne stehen?«, frage ich die Männer aus meinem alten Umfeld oft. »Warum seht ihr nicht, dass alle Frauen Menschen sind wie ihr? Warum müsst ihr warten, bis eine Schule niedergebrannt wird und ein mutiges Mädchen aufsteht und sagt: ›Wieso tut ihr das?‹ Warum muss dieses Mädchen erst zu ›Malala aus Pakistan‹ werden? Warum muss erst auf sie geschossen werden, warum muss sie zu einer Berühmtheit werden? Lasst ein Mädchen wie Malala doch einfach Malala sein – ohne dass sie dafür ein Opfer bringen muss!«

Wieso denken normale Männer, dass ihre Töchter nicht dazu in der Lage sind, Großes zu vollbringen? Es ist, als wären Macht, Führungspositionen und hochtrabende Titel zuallererst für Männer vorgesehen und dann für wohlhabende, privilegierte Frauen.

Malalas Zukunft sollte anders aussehen. Wenn Eltern ihrem Kind nicht den Raum geben, zu glauben, dass im Leben alles möglich ist, wird es diesem Kind zeitlebens schwerfallen, sein Potenzial zu erkennen und zu entfalten.

Als ich die schlafende Malala in ihrem Bettchen liegen sah, dachte ich nicht: »Ja, sie ist Malala, und ich liebe sie, aber Ziauddin, sei realistisch. Wir haben kein Geld, und sie kommt aus der Unterschicht.« Niemals. Ich war unerschütterlich in meiner Überzeugung, dass die Welt ihr offen stand. Statt sie abzuschreiben, weil sie »nur ein Mädchen« war, oder sie in das Korsett gängiger Vorurteile zu zwängen, dachte ich: »Sie wird die Welt verändern! Sie wird Berge versetzen! Wenn sie die Chance bekommt, dann wird meine Tochter es ganz nach oben schaffen und Großartiges erreichen. Sie ist dazu geboren, nach den Sternen zu greifen.«

Ich kann allen Vätern, Brüdern, Männern und Jungen nur immer wieder dasselbe sagen: Die Welt wird nicht zu euch nach Hause kommen und euch eure Tochter oder eure Schwester als die nächste große Lichtgestalt, die nächste geniale Wissenschaftlerin oder Politikerin vorstellen. Das ist eure Aufgabe als Väter und Brüder und Mütter. Ihr müsst die Ersten sein, die das Potenzial in dem Mädchen, das ihr liebt, erkennen und fördern. Es ist an euch, sie zu ermutigen und an sie zu glauben – zu glauben, dass dieses kleine Kind, das da in seiner Wiege liegt, später einmal Großes erreichen kann. Wenn ihr nicht daran glaubt, dass eure Kinder einzigartig sind und dass sie die Kraft besitzen, all ihre Träume wahr zu machen, wer soll es dann tun? Die Kinder brauchen unser Vertrauen. Glaubt mir, sie brauchen es.

Es ist allgemein bekannt, dass ich Malala nach Malalai von Maiwand benannt habe, der paschtunischen Kämpferin, die auf dem Schlachtfeld ihr Leben ließ. Natürlich habe ich den Namen nicht deshalb ausgesucht, weil Malalai so kriegerisch war oder weil sie den Märtyrertod gestorben ist. Nein, ich habe Malala nach ihr benannt, weil Malalai die erste Frau in unserer Kultur war, die überhaupt eine eigene Identität und einen eigenen Namen hatte. Ich erinnere mich noch daran, wie ich zum ersten Mal wirklich darüber nachgedacht habe, was Malalais Geschichte eigentlich bedeutet. Das war lange vor Malalas Geburt, sogar noch vor meiner Heirat. Ich saß im Haus meines Freundes Usman Olasyar in Mingora. Er gab mir damals oft zu essen, um mir in meiner prekären finanziellen Lage zu helfen. Ich war bereits mit Pekai verlobt, die allerdings noch in Shangla lebte und darauf wartete, dass ich genug Geld verdiente, um sie zu heiraten und zu mir zu holen. Ich saß also auf dem Tagesbett meines Freundes, trank *chai* und betrachtete an der Wand das gerahmte Poster einer jungen, in großer Pracht und Herrlichkeit dargestellten Frau zu Pferde. Um sie herum standen die berühmten Worte geschrieben: »Tausende Männer mögen den Zenit des Ruhms erreicht haben, aber sie sind nichts verglichen mit einem einzigen Ruf der Malalai von Maiwand.« Ich war sehr ergriffen. Ein einziger Ruf des Mädchens Malalai von Maiwand hatte mehr bewegt als Tausende große Männer. Ich fand diesen Gedanken unendlich romantisch, und er kam mir so gut und richtig vor, dass ich bei mir dachte: »Sollte ich jemals das Glück haben, eine Tochter zu bekommen, werde ich sie Malala nennen.«

Als Malala noch klein war, sprach sie manchmal davon, dass sie später Premierministerin werden wolle. Ich sah, wie die Leute darüber schmunzelten. Ihre Blicke sprachen Bände: »Du? Premierministerin von Pakistan?« Ich aber dachte von Anfang an: »Wer weiß? Vielleicht ist dieser strahlende Morgenstern klüger als der, der jetzt an der Spitze von Pakistan steht.«

Wenn die Leute über ihre Träume spöttelten, stieg dieselbe Wut in mir hoch, die ich bereits kurz nach ihrer Geburt empfunden hatte, als meine männlichen Verwandten keinen Blick in ihre Wiege hatten werfen wollen, weil sie ein Mädchen war.

Damit die Hoffnungen, die ich für Malala hegte, weiter gedeihen konnten, statt wie eine vernachlässigte Blume zu welken, bedurfte es einer weiteren Zutat: Bildung. Ich bin Romantiker und Idealist, aber dies schien mir eine rein praktische Notwendigkeit. Bildung hatte es mir ermöglicht, Shangla hinter mir zu lassen, und auch für meine Tochter gab es nur einen einzigen Weg, den Grenzen unserer Gesellschaft zu entfliehen: Sie musste studieren und einen guten Beruf ergreifen.

Selbst wohlhabende Mädchen brauchten in meiner Heimat eine gute Schulbildung. Ihre Brüder, die Söhne der Stammesfürsten, konnten vielleicht allein durch das Geld und den Einfluss ihrer Familien aufsteigen, aber für Mädchen in Pakistan – und in vielen, vielen anderen Ländern der Welt – ist Bildung der einzige Ausweg aus dem Patriarchat und die einzige Möglichkeit, einer frühen Heirat zu entgehen.

Malalas Kopftuch

Mit fünf Jahren kam Malala in die Vorschulklasse meiner Schule. Sie liebte einfach alles daran – die Pulte, die Bücher, die Uniformen. Als sie etwas älter wurde, blieb sie nach Schulschluss immer bei den anderen Mädchen und wollte nicht nach Hause gehen. Weil wir damals noch zwei Zimmer über den Räumlichkeiten der Schule bewohnten, war sie, seit sie laufen konnte, in den Klassenzimmern praktisch ein und aus gegangen. Trotzdem war der Tag ihrer Einschulung ein sehr bedeutsamer Moment für sie.

Das Schuljahr war bei uns in Trimester eingeteilt, und zu Beginn eines jeden kaufte ich Malala eine Mappe, in der sie all ihre Arbeitsblätter, Tests, korrigierte Klassenarbeiten und Zeugnisse fein säuberlich abheftete. Einige dieser Mappen haben wir heute noch. Es war, als spüre sie, was für ein kostbares Geschenk das Leben in der Schule war – als wolle sie jeden Aspekt davon, jeden einzelnen Moment würdigen und ihm durch besondere Achtsamkeit und Ordnung ihre Ehre erweisen. Es war eine sehr intensive Art der Wertschätzung, fast eine heftige, verzweifelte Liebe. Malala war regelrecht besessen von der Schule.

Die Mädchen trugen eine Schuluniform, die aus einem weißen *shalwar* und einem dunkelblauen *kameez* bestand, dazu einen weißen Kopfschleier im Sommer und einen schwarzen im Winter. Die Schuhe und Socken waren ebenfalls schwarz. Malala besaß einen rosafarbenen Schulrucksack mit dunkelrosa Verzierung.

Manchmal, wenn ich aus der Schule nach Hause kam, traf ich Malala in dem kleinen unverputzten Vorraum zu unserer Wohnung an, wo sich unser einziger Wasseranschluss befand. Dort spülten wir das Geschirr und wuschen unsere Kleider – Letztere nicht jeden Tag, sondern drei bis vier Mal pro Woche. Malala, deren Kopf kaum höher reichte als die Stelle, wo der Anschluss aus der

Wand kam, stand neben dem Wasserhahn. Auf dem Tisch darunter war ein Eimer mit Wasser, und darin lag ihr Schulkopftuch, und sie drückte und wrang und spülte den ganzen Schmutz und Staub heraus, der sich im Laufe des Tages darin angesammelt hatte.

Malala war sehr gewissenhaft. Sie wusch auch ihre Schulsocken und half Pekai im Haushalt. In Mingora hing durch den Autoverkehr und die Hitze ständig Staub in der Luft. Malala mochte keinen Schmutz, aber ich glaube, das Waschen ihres Schulkopftuchs hatte in erster Linie damit zu tun, dass sie so stolz darauf war, ein Schulkind zu sein. Sie schrubbte es, bis das Wasser trübe wurde, dann wrang sie es aus und hängte es oben auf dem Dach auf die Leine. Dort trocknete die Sonne es innerhalb kürzester Zeit, und am nächsten Morgen hatte Malala wieder ein sauberes, frisches Tuch auf dem Kopf und war bereit für einen weiteren Tag im Klassenzimmer.

War Malalas Leidenschaft für die Schule angeboren oder anerzogen? Beides, denke ich. Vielleicht war sie einfach der perfekte Samen in der perfekten Erde, ein magischer Keim in einem Boden, der optimale Bedingungen für sein Wachstum bot. Bei uns zu Hause spielte Bildung eine große Rolle, und Malala lernte gern. Aber sie hatte, verglichen mit einigen ihrer Freundinnen, auch viel Glück, weil wir sie in ihren Bestrebungen stets unterstützten. Bildung besteht nicht nur darin, dass man sich Faktenwissen aneignet und Prüfungen ablegt. Die besten Schulen sind die, die das Potenzial jedes einzelnen Kindes zu wecken verstehen – die allen Mädchen Flügel verleihen und in denen sie in dem Glauben bestärkt werden, dass sie ihr Leben selbst in die Hand nehmen können.

Als ich 2003 den Oberschulzweig der Khushal-Schule gründete, wusste ich, dass es genauso wichtig war, den Mädchen Selbstbestimmung beizubringen, wie sie in Englisch und Urdu zu unterrichten. Ich ging oft von einem Klassenzimmer zum anderen, und manchmal sprachen die Mädchen mit mir darüber, dass sie zwar lernen wollten, aber zu Hause keine Unterstützung bekämen. Dann vermittelte ich zwischen ihnen und ihren Eltern, aber es war ein hartes Stück Arbeit, die althergebrachte, tief in den Köpfen verankerte Auffassung zu ändern, dass Schulbildung für Mädchen über ein gewisses Maß hinaus reine Zeitverschwendung sei. Dass kleine Mädchen zur Schule gingen, war in Mingora nicht ungewöhnlich. Sobald sie jedoch die Pubertät erreichten, verschwanden sie nach und nach aus den Klassenzimmern, weil ihre Familien es fast immer für wichtiger erachteten, sie auf die Ehe vorzubereiten.

Ganz zu Anfang, noch bevor Malala und unsere Jungen in die Schule kamen, waren wir alles andere als eine privilegierte Familie. Wir besaßen weder viel Geld noch ein großes Haus. Aber wir hatten uns. Wir hatten ein sehr enges, liebevolles Verhältnis zueinander, und daraus schöpften wir Kraft. Zu jener Zeit wäre mir niemals in den Sinn gekommen, eine Waffe in die Hand zu nehmen und allen Männern zu drohen: »Ich werde jeden bekämpfen, der sich meiner Tochter in den Weg stellt.« Der laute Widerstand kam erst, als die Taliban in unser Tal einfielen. Davor war es eher eine Frage der inneren Einstellung. Die Menschen spürten ganz einfach, wie viel Malala uns bedeutete und wie sehr wir sie liebten.

Pekai wünschte sich sehnlichst, dass Malala die Bildung erhielt, die ihr selbst verwehrt geblieben war. Das einzige Thema, bei dem Mutter und Tochter unterschiedliche Meinungen hatten, war die Frage der Verschleierung in der Öffentlichkeit. Viele Frauen gingen, um ihre Ehre zu schützen, in Burkas auf den Basar. Burkas sind riesige Zelte aus dicht gewebtem Stoff, die am Kopf eng anliegen wie Mützen und dann in weiten Falten bis zum Boden fallen, sodass sie jeden Zentimeter des weiblichen Körpers verdecken. Man braucht viel Geschick, um ein solches Kleidungsstück zu tragen, weil der weite Stoff der Frau beim Gehen ständig um die

Beine schlägt. Im Gesicht verfügt die Burka über ein kleines Fenster, durch das die Trägerin die Welt sehen kann, ohne selbst von fremden Augen gesehen zu werden. Pekai trug keine Burka, aber sie verbarg ihr Gesicht hinter einem Schleier. Malala trug ebenfalls einen Schleier, ließ ihr Gesicht jedoch frei, und wenn Pekai sie bat, sich mehr zu verhüllen, weigerte sich Malala. Sie wollte die Welt nicht durch ein Stück Stoff betrachten. Sie wollte ihr offen und mit freiem Blickfeld begegnen, so wie die Männer. Ehrlich gesagt, sah ich es genauso wie sie. Ich konnte in einem unbedeckten Gesicht nichts Unehrenhaftes erkennen.

Malala weigerte sich nicht nur, ihr Gesicht zu verhüllen, sie starrte auch unverhohlen zurück, wann immer ein Mann den Blick auf sie richtete. Manchmal, wenn sie mit Pekai unterwegs war und sie an Männern vorbeikamen, drehte sie sich um und ertappte die Männer dabei, wie sie andere verschleierte Frauen beäugten, die den Blick zu Boden gerichtet hatten. »Malala, bitte«, ermahnte Pekai sie dann. »Malala! Was machst du da? Schau weg. Sieh diese Männer nicht an.« Aber Malala entgegnete: »Wenn die uns anstarren dürfen, warum darf ich dann nicht zurückstarren?«

Sie betrachtete es in erster Linie als eine Art Wettstreit der Blicke, sie war furchtlos und lotete die Grenzen des akzeptierten Verhaltens voller Neugierde aus. Selbst in diesen Dingen erhob sie ganz selbstverständlich Anspruch auf etwas, das sie als ihr gutes Recht ansah.

Als die Taliban unseren Koh-i-Noor stahlen

Alles, was Malala ist und hat, verdankt sie ihrer Bildung. Wäre sie nicht über das Nötigste hinaus zur Schule gegangen, hätte sie nicht diese tief empfundene Liebe zum Lernen gehabt, wäre sie dem Leben zu Hause wie in der Öffentlichkeit nicht neugierig, kühn und selbstbewusst begegnet, so hätte sie niemals zu der mächtigen Fürsprecherin für Mädchen auf der ganzen Welt werden können, die sie heute ist. »Malala«, das Mädchen, das für viele zu einem Vorbild wurde, wäre ohne Schulbildung ihr ganzes Leben lang ungehört und unbesungen geblieben. Ihre einzigartige Stimme, die überall auf der Welt Gehör findet, wäre stumm geblieben.

Ich wusste – und sie wusste es auch –, dass Bildung der einzige Ausweg für sie war, ihre einzige Chance, finanzielle Unabhängigkeit zu erlangen und alle Entscheidungen über ihre Zukunft frei und eigenständig treffen zu können.

Für Malala war Bildung gewissermaßen der Koh-i-Noor ihres Lebens. Der Koh-i-Noor ist ein Diamant, der auf einer langen, abenteuerlichen Reise von Indien in das Vereinigte Königreich gelangte, wo er nun Teil der Kronjuwelen ist. Akademische Qualifikationen waren Malalas Koh-i-Noor. Es gab keinen Plan B. Keinen. Ohne Bildung, ohne einen guten Beruf, wäre ein Mädchen wie Malala mit zwanzig verheiratet gewesen – vielleicht sogar schon mir sechzehn, wenn sie Pech hatte. Dann wäre sie jetzt Mutter zweier Kinder statt Nobelpreisträgerin und Oxford-Studentin.

Wenn jemand von mir wissen möchte, wie Malala zu dem wurde, was sie heute ist, antworte ich oft: »Fragen Sie mich nicht, was ich getan habe, sondern was ich nicht getan habe. Ich habe ihr nicht die Flügel gestutzt.«

In Pakistan begegnete ich hin und wieder Familien, die in ihrem Hof einen Vogel hielten, beispielsweise eine Taube. Dieser Vogel konnte nicht mehr fliegen. Er stakste unbeholfen auf der staubigen Erde herum, hob den Kopf und bewegte ihn von einer Seite zur anderen. Aber das Wichtigste in seinem Leben fehlte. Irgendjemand, zweifellos ein Mann, hatte eine Schere genommen und ihm die Schwungfedern abgeschnitten, damit er nicht wegfliegen konnte. Es war ein brutaler Akt der Inbesitznahme, der dieses arme, hilflose Geschöpf zwang, wider all seine natürlichen Instinkte am Boden zu leben, nur weil sich jemand ein zahmes Tier wünschte. Das kam mir immer sehr grausam vor.

Wenn ich über Malala sage: »Ich habe ihr nicht die Flügel gestutzt«, dann meine ich damit, dass ich die Schere zerbrochen habe, mit der die Gesellschaft die Schwingen der Mädchen beschneidet. Das habe ich getan, als sie noch klein war. Ich habe dafür gesorgt, dass Malala nicht einmal in die Nähe dieser Schere kam. Ich wollte, dass sie hoch in den Himmel flog, statt, von gesellschaftlichen Normen gefesselt, in einem staubigen Hof im Dreck zu scharren. Ich wollte ihr beistehen und sie beschützen, bis sie keinen Schutz mehr brauchte, weil sie das nötige Selbstvertrauen und die Kraft hatte, allein zu fliegen.

Wie erzieht man ein Kind, ob nun Mädchen oder Junge, zu Furchtlosigkeit und Selbstbewusstsein? Ich glaube, das geht nur über Lob. Ich lobte meine drei Kinder jeden Tag, und Malala besonders. Ich lobte sie, wann immer sie etwas leistete, auch wenn es nur eine Kleinigkeit war: wenn sie gute Noten bekam, eine Hausaufgabe besonders ordentlich erledigt hatte oder mir einen neuen schönen, kindlichen Gedanken präsentierte. Ich liebe ihre Kreativität. Ich wollte ihr stets das Gefühl geben, dass sie der klügste Mensch auf der ganzen Welt war, der schönste Mensch, der jemals gelebt hatte. Ich finde, das ist unsere Verantwortung als Eltern unseren Töchtern und Söhnen gegenüber. Jeder kann sein Kind auf diese Weise fördern. Und doch sehe ich so viele Kinder, die auf eine Art erzogen werden, die ihre Bedürfnisse missachtet. Im Osten wie im Westen lehren wir unsere Kinder, dass sie an Gott glauben sollen, an Heilige und Propheten und an die Heiligen Schriften. Wir sagen ihnen, dass es Engel gibt, obwohl man sie nicht sehen kann, oder im Osten die *dschinn* – jene Wesen, die vor uns die Welt bevölkerten. Aber unsere Kinder stehen direkt vor uns, als reale Personen mit einem Geist und einem Körper, mit Leidenschaft, mit Emotionen, mit all ihren Stimmungen und Gedanken, all ihrer Weisheit und ihrem Verstand. Sie existieren im Hier und Jetzt, und doch sagen wir ihnen viel zu selten, dass sie auch an sich selbst glauben sollen.

Je älter Malala wurde, desto mehr wuchs ihre Sicherheit, wenn sie in der Öffentlichkeit sprach. Sie trat bei Debattier- oder Redewettbewerben an und bewies dort bereits dieselbe Ausstrahlung und dasselbe natürliche Selbstvertrauen, die die Welt heute so an ihr bewundert. Sie ließ sich keinen Wettbewerb entgehen und schnitt immer gut ab. 2010 wurde sie sogar zur allerersten Sprecherin der District Child Assembly im Swat gewählt, einer Versammlung, die aus Mädchen und Jungen zahlreicher Schulen im ganzen Swat-Tal zusammengesetzt war.

Malala war in einer ungewöhnlich intelligenten Klasse. Alle Mädchen darin waren ehrgeizig, dabei aber nicht verbissen. Es gab keinen Neid zwischen ihnen, eher eine Art Kameradschaft, weil sie gemeinsam auf das gleiche Ziel hinarbeiteten. Sie waren alle klug, allerdings hatten einige von ihnen mit Widerstand von den Männern aus ihren Familien zu kämpfen.

Einmal, als ich plante, im Jungenteil der Schule einen gemeinsamen Debattierwettbewerb für Mädchen und Jungen abzuhalten, kam der Bruder eines Mädchens zu mir. »Sir, meine Schwester wird nicht die Jungenschule betreten, und sie wird auch nicht vor Jungen sprechen. Wie kommen Sie nur auf die Idee, die Mädchen mit unverschleiertem Gesicht vor den Jungen auftreten zu lassen?«

Das waren die sogenannten Tabus, mit denen ich mich oft konfrontiert sah. Hätten ihre Eltern sie nicht daran gehindert, wären bestimmt mindestens zehn Mädchen aus Malalas Klasse als junge Erwachsene ähnlich einflussreich geworden wie Malala selbst.

Als bei uns noch Frieden herrschte, gestalteten wir unser Leben mit Blick nach vorn. Es ging uns darum, auf eine bessere Zukunft hinzuarbeiten. Malala nahm regelmäßig an solchen Wettbewerben teil und machte sich im Kreis der Mitbewerber aus anderen Schulen rasch einen Namen. Aber sie war ein junges Mädchen, und im Grunde genommen war es nichts weiter als ein Hobby, auch wenn sie es mit großem Eifer und Erfolg betrieb. Es war eine Gelegenheit, Pokale und Medaillen zu gewinnen, eine Möglichkeit, gehört zu werden und sich wertgeschätzt zu fühlen. Es entbehrt nicht einer gewissen Ironie, dass Pekai und ich Malala zu solchen Aktivitäten ermutigten, die ihr Selbstbewusstsein stärken sollten, gerade als sie kurz davor war, diesen fundamentalsten Teil ihres Lebens zu verlieren.

Mein soziales Engagement hatte immer eine proaktive Ausrichtung gehabt. Ich wollte Verbesserungen in unserer Gesellschaft erreichen. Ich wollte mehr Demokratie, mehr Bäume, mehr sauberes Wasser und mehr Schulen. Ich wollte bessere Lebensbedingungen für alle Menschen in Mingora. Als Schulleiter hatte ich zwar jeden Tag mit traditionell gesinnten Vätern zu tun, die sich dagegen sträubten, ihre Töchter zur Schule zu schicken, trotzdem hätte ich nie im Traum daran gedacht, dass Mädchen der Schulbesuch eines Tages verboten werden könnte.

Als 2007 die gewaltsame Talibanisierung des Swat-Tals begann, war es, als würde mir der Boden unter den Füßen weggerissen. Was macht man, wenn einem so etwas passiert? Man hängt im Nichts. Indem die Taliban Mädchen aus den Schulen verbannten, stahlen sie Malala ihre Zukunft. Der Koh-i-Noor war uns geraubt worden. All die Träume und Hoffnungen auf ein besseres Leben, die ich seit Malalas Geburt hegte – und nicht nur für sie, sondern auch für die anderen Mädchen an der Khushal-Schule sowie für alle fünfzigtausend Schülerinnen im Swat-Tal –, diese Träume und Hoffnungen drohten sich nun in Rauch aufzulösen.

Die Taliban marschierten regelmäßig Fahnen schwenkend und mit Maschinengewehren auf dem Rücken durch die Straßen unserer Stadt. Sie waren überall. Männer, die früher ganz normale Bürger gewesen waren, gehörten nun dieser brutalen Armee an. Oft fuhren sie in Jeeps herum, deren quietschende Reifen den Staub aufwirbelten. Die Haare unter ihren Turbanen waren zottig und ungewaschen. Sie hatten sich die Hosen in die Socken gesteckt und trugen Turnschuhe an den Füßen. In Schwärmen tauchten sie auf den Märkten auf, wo sie mit wachsam hin und her huschenden Blicken nach Frauen Ausschau hielten, die sich ihrer Ansicht nach nicht unterwürfig genug verhielten. Jeden Morgen und jeden Abend kamen Berichte in den Nachrichten und Zeitungen, dass es wieder mehrere Bombenanschläge auf Schulen gegeben hatte. Insgesamt wurden über vierhundert Schulen zerstört. Mit der Zeit wurde es zur traurigen Routine, dass jeden Tag eine neue Schule in die Luft gesprengt wurde.

Und dann, am 15. Januar 2009, wurden Mädchen offiziell vom Schulbesuch ausgeschlossen.

Ich hatte die Schere zerbrochen, die Malalas Flügeln hätte gefährlich werden können. Ich hatte meine Tochter dazu erzogen, zu glauben, dass sie so hoch fliegen konnte, wie sie es wollte. Aber die Taliban benutzten keine Scheren, um sie zu Boden zu zwingen. Sie benutzten Bomben und Gewehre. Nach den Predigten auf ihrem illegalen Radiosender erreichte die Gewalt einen neuen Höhepunkt. Leute, von denen ich wusste, dass sie sich gegen die Taliban ausgesprochen hatten, wurden des Nachts verschleppt und am nächsten Morgen enthauptet auf einem öffentlichen Platz oder in der Gosse gefunden.

Mich ihnen nicht entgegenzustellen, sondern einfach zu schweigen, kam für mich nicht infrage. Ich hatte gar keine andere Wahl, als aufzubegehren, weil ich der festen Überzeugung bin, dass menschliches Leben nicht darin besteht, Sauerstoff ein- und Kohlendioxid wieder auszuatmen. Ich glaube daran, dass menschliches Leben in erster Linie Menschlichkeit bedeutet, ein Leben in Würde und mit all den fundamentalen Rechten, auf die jeder einen Anspruch hat. Ich werde nicht einen Tag, nicht einen einzigen Tag leben, ohne für diese Prinzipien einzutreten. Wenn ich mich entscheiden müsste, ob ich einen Tag nach meinen eigenen Prinzipien oder Hunderte von Jahren in der Unterdrückung durch bigotte Menschen und Mörder leben will, würde ich den einen Tag in Freiheit wählen.

Natürlich hatte ich Angst, aber Angst kann einem auch Kühnheit verleihen. Ich hatte Angst zu sterben, denn zu jener Zeit wurden viele Menschen ermordet, aber noch mehr Angst hatte ich davor, dass Malala und alle Mädchen im Swat-Tal nun ohne Schulbildung würden aufwachsen müssen; dass den Mädchen, die in unserem Teil Pakistans geboren worden waren, eine düstere Zukunft bevorstand. Ich handelte aus meiner unerschütterlichen Überzeugung heraus, dass jedes Mädchen ein Anrecht auf Bildung hatte, aber zugleich auch aus schierer Panik, aus einer entsetzlichen Angst davor, was die Taliban für Malalas Zukunft und die Zukunft Pakistans bedeuteten.

Im Laufe der Zeit gab es nur noch sehr wenige Menschen, die bereit waren, öffentlich gegen die Taliban Stellung zu nehmen. Viele sagten: »Wir sind lieber still. Wir hängen an unserem Leben. Wir sagen nichts, weil wir Angst haben.« Und wenn doch jemand etwas sagte, war es manchmal genau das, was die Taliban hören wollten. »Wir fordern, dass im Swat der Islam herrscht und die Scharia eingeführt wird, dann wird es endlich Frieden geben!«

Ich stand dann auf und entgegnete: »Hier geht es doch gar nicht um den Islam!« Das sagte ich jedem, der es hören wollte. »Hier im Swat gibt es keine unislamischen Tendenzen. Wir sind bereits eine islamische Gesellschaft. Hier geht es nur um Macht! Um Menschen, die den Hals nicht vollkriegen. Hier geht es um brutale Gewalttäter, die über unser Leben bestimmen wollen. Wir dürfen das nicht hinnehmen. Dieser Hass, diese Gewalt – das ist unislamisch!«

Je mehr Menschen in meiner Umgebung verstummten, desto lauter wurde ich. Ich rief meine Botschaft über die Plätze von Mingora. Ich versuchte, alles, was ich sagte, möglichst einfach und nachvollziehbar auszudrücken, damit jeder mich verstehen konnte. Das fand auch Anklang bei den Journalisten, die über den Konflikt berichteten.

Ich sah mich selbst als jemanden, der sich für die Zukunft seines Landes einsetzte. Sich gegen die Taliban zu erheben war eine Verantwortung, die ich im Namen künftiger Generationen wahrnahm. Es waren nicht nur Malalas Träume und Rechte, die ich verteidigte. Es waren die Träume und Rechte aller Mädchen in meiner Schule und im wunderschönen Swat-Tal. Mein Schmerz und meine Wut waren stellvertretend für meine Tochter und alle Töchter dieses Landes. Ich leitete eine Mädchenschule, und es gab noch fünfzigtausend weitere Mädchen im Swat, die zur Schule gingen. Was bedeutete die Herrschaft der Taliban für sie? Keine Frauen in Führungspositionen, keine Freiheit, keine Bildung. Unter den Taliban würden Frauen ein Sklavendasein führen.

Wenn ich mir Malalas Zukunft ausmalte, überkam mich tiefe Verzweiflung. Können Sie sich vorstellen, wie mir zumute war, nach allem, was ich für sie getan und mir für sie erhofft hatte? Es war ein Schmerz, den ich fast körperlich spürte.

Aufgrund meiner Art zu sprechen wurde ich oft von Reportern um Zitate oder Hintergrundinformationen gebeten. Einer der Journalisten, die über den Konflikt im Swat berichteten, war Abdul Hai Kakar, ein Bekannter, der bei BBC Urdu arbeitete und für den Malala seit 2009 einen geheimen Tagebuch-Blog unter dem Pseudonym Gul Makai schrieb. Abdul Hai Kakar warnte mich, dass ich allmählich zu bekannt würde. »Zia«, sagte er zu mir, »du machst zu oft den Mund auf. Das ist gefährlich. Ich habe meiner Redaktion gesagt, dass wir aufhören müssen, ständig deinen Namen zu nennen und deine O-Töne zu verwenden.«

Journalisten in der Gegend wurden überwacht und von den Taliban ins Visier genommen. »Wir sehen dich!« – das war die Art der Taliban, eine Morddrohung auszusprechen.

»Wir sind wandelnde Tote, Zia«, warnte mich Abdul Hai Kakar. »Wir tragen unser Begräbnis mit uns herum.« Doch trotz aller Drohungen hörte er nicht auf zu berichten, und ich hörte nicht auf zu sprechen.

Kein Mensch will sterben. Das Leben ist kostbar. Mir ging es nicht anders, obwohl ich wusste, dass das, was ich tat, mich durchaus das Leben kosten konnte. Irgendwann erhielt auch ich Morddrohungen. Sie wurden auf Zetteln unter unserer Tür durchgeschoben oder in den Medien verbreitet.

Es erschüttert das Innerste der Seele, mit der Wahrscheinlichkeit des eigenen Todes konfrontiert zu werden und in aller Ernsthaftigkeit darüber nachdenken zu müssen, dass die eigenen Kinder vielleicht ohne Vater aufwachsen werden. Man hat sie in die Welt gesetzt, und nun lässt man sie viel zu früh im Stich. Das Beängstigendste an der Situation war für mich nicht, dass die Taliban meinem Leben jederzeit ein Ende bereiten konnten, sondern dass meine Kinder dann keinen Vater mehr hätten. Doch zugleich dachte ich: »Mein Weg ist der richtige. Ich trete für fundamentale Menschenrechte ein, für Bildung und Frieden in meinem Land. Gott bewahre, Gott bewahre, dass ich getötet werde, aber wenn es passiert, werde ich es nicht bereuen.« Oft wurde ich von Freunden gebeten, vorsichtiger zu sein. Tor Pekai stand schreckliche Ängste aus und war dazu übergegangen, immer selbst die Tür zu öffnen, weil sie annahm, dass die Taliban niemals eine Frau töten würden. Auch Malala fürchtete um mich, trotzdem drängte mich keine von beiden, aufzuhören.

»Du hast bereits eine Morddrohung erhalten, Ziauddin«, meinte ein Freund zu mir. »Deine Reden werden dich noch den Kopf kosten. Du lädst den Tod ja geradezu ein.« Und ich erinnere mich noch daran, wie ich entgegnete: »Im Moment liegt mein ganzes Glück in der Liebe zu meiner Familie, zu meinen Kindern und meiner Frau. Aber wenn ich sterbe, werden meine Mutter und mein Vater mich erwarten. Dann kehre ich heim zu meiner ersten Familie.« So rechtfertigte ich mein Handeln. Ich stellte es in einen größeren Zusammenhang. Ich betrachtete mein Engagement auch nicht als etwas besonders Nobles, mit dem ich die Welt verändern wollte, sondern als etwas ganz Konkretes, das ich zum Wohle meiner Mitmenschen tat. Und ultimativ dachte ich bei mir: »Wenn ich sterbe, dann hat sich mein Tod gelohnt, weil meine Rechte und die Rechte der Menschen in meiner Gemeinschaft es wert sind, mit dem Leben verteidigt zu werden.« In den Jahren 2008 und 2009 erhielt ich mehrere Todesdrohungen, aber mehr geschah nicht. Die Taliban rührten mich nicht an. Ich machte mit meiner Kampagne weiter, auch wenn ich Vorsichtsmaßnahmen ergriff, indem ich zum Beispiel immer wieder meinen Tagesablauf veränderte.

Aber dann wurde im Jahr 2012, zehn Monate vor dem eigentlichen Attentat, eine Drohung gegen Malalas Leben ausgesprochen. Sie war meine Achillesferse. Die Taliban hatten einen Weg gefunden, mich zum Schweigen zu bringen.

Ein mutiger Vogel

Ich glaube, es ist die vorherrschende Ansicht, dass Malala ein Opfer der Taliban wurde, weil sie trotz des 2009 ausgesprochenen Verbots weiterhin zur Schule ging. Wir haben das Verbot der Taliban missachtet, das ist wahr. Anfangs gaben wir alle älteren Mädchen, die weiterhin am Unterricht teilnehmen wollten, als Schülerinnen der vierten Klasse aus (bis dahin war der Schulbesuch anfangs noch erlaubt), und später hielten wir den Unterricht dann im Geheimen ab. Doch der wahre Grund, weshalb Malala von den Taliban angegriffen wurde, war ein anderer. Sie hatte eine starke Stimme und in Pakistan bereits einiges bewegt. Zwischen 2009 und 2012 war sie immer einflussreicher geworden. Überall im Land hörten die Menschen ihr zu. Ihre Stimme war viel mächtiger als meine, weil sie ein Kind war und das, was sie sagte, immer direkt aus dem Herzen kam. Ihr ging es nicht um Politik, sie war einfach nur ein Mädchen, das an das Recht auf Bildung glaubte. Ihre Absichten waren rein. Was in der Schule lediglich ein Talent zum Debattieren gewesen war, wurde nun zu etwas viel Größerem. Nicht einen Moment lang dachten wir daran, die Taliban könnten ein Kind ins Visier nehmen. Das hatten sie bisher noch nie getan.

2009 gelang es der pakistanischen Armee, die Taliban aus Mingora zu vertreiben. Infolge der Militäroffensive wurden wir eine Zeit lang zu Binnenflüchtlingen. Pekai war mit den Kindern nach Shangla gereist, während ich in Peschawar lebte und mit meinen Freunden Fazal Maula, Ahmad Shah und Muhammed Farooq meine Kampagne fortführte.

Als wir noch im selben Jahr nach Mingora zurückkehrten, fanden wir eine Geisterstadt vor. Unsere Schule, in der das Militär gehaust hatte, war voller Müll und Graffiti, und zahlreiche Möbel waren kaputt. Malala und ich sprachen uns weiterhin in der Öffentlichkeit für das Recht von Mädchen auf Bildung aus. Wir hatten keine Angst, sondern waren stolz, dass Malala so engagiert für die Menschen unseres Landes eintrat. Als sie immer bekannter wurde, scharten sich die Menschen um sie, wo immer sie hinging. An Flughäfen baten die Leute sie um Autogramme oder darum, ein Foto mit ihr machen zu dürfen. Der Rückhalt aus der Bevölkerung war überwältigend, und wenn man Rückhalt bekommt, wird alles andere unwichtig. Malala ging es um diejenigen Menschen, die nicht die Möglichkeit hatten, selbst die Stimme zu erheben. Für diese Menschen sprach sie. »Wenn ihr nichts sagt, wer soll es dann tun?«, sagte Pekai oft zu uns beiden.

Wenn ich heute an jene Zeit und an unser gemeinsames Engagement zurückdenke, ist mir klar, dass wir beide ganz mit unserem Kampf beschäftigt waren. Und im Swat waren wir in diesem Kampf nicht allein. Ich war Mitglied im Ältestenrat und Vorsitzender des *Global Peace Council*, in dem viele andere Männer saßen, die ähnliche Ziele hatten wie wir. Einige meiner Mitstreiter kamen bei Terroranschlägen ums Leben, andere wurden verletzt. Auch einige Mädchen an meiner Schule hatten anfangs gegen die Taliban protestiert, doch sie verstummten im Laufe der Zeit, weil ihre Väter Angst hatten.

Wenn man auf dem Schlachtfeld steht, merkt man oft nicht, was um einen herum geschieht. Man ist ganz auf das Kampfgeschehen konzentriert und blendet alles andere aus. Lange Zeit dachte ich überhaupt nicht daran, dass Malala gefährdet sein könnte. Ich ging wie selbstverständlich davon aus, dass ihr nichts passieren würde, schließlich war sie ein junges Mädchen. Deshalb erlaubte ich ihr auch, ihren Blog unter dem Pseudonym Gul Makai weiterzuführen. Ich glaubte nicht ernsthaft an eine Gefahr.

Und als wir beide noch im selben Jahr für eine Dokumentation der *New York Times* mit dem Titel »Class Dismissed« vor der Kamera standen, hielt ich auch das nicht für gefährlich. Wahrscheinlich dachte ich: »Ja, die Taliban haben mehr als vierhundert Schulen zerstört – aber sie haben noch nie einem Kind etwas angetan. Warum auch? Noch dazu einem Mädchen? Weshalb sollten sie jemals ein Mädchen bedrohen?« Ich nahm an, dass Malala nichts zustoßen würde. Jetzt, im Nachhinein, erkenne ich, dass das naiv war.

Menschen, die Tor Pekai und mich dafür kritisieren, dass wir Malala erlaubten, in einem derart gefährlichen Umfeld als Kinderrechtsaktivistin tätig zu sein, haben jedes Recht dazu. Die Leute denken: »Sie sind Idealisten. Sie sollten zuerst Ihr eigenes Leben schützen.« Aber wir sind alle nur Menschen. In vielen Dingen mögen wir uns ähnlich sein, doch in anderen unterscheiden wir uns grundlegend voneinander. Man könnte unsere Reaktion auf die Taliban mit dem instinktiven Mut einer Vogelmutter vergleichen. Wenn sie ihre Küken in Gefahr wähnt, weil zum Beispiel eine Schlange zum Nest hinaufkriecht, flattert sie auf und beginnt Lärm zu machen. Sie schreit, so laut sie kann, in ihrer Vogelsprache. Sie bleibt nicht untätig. Sie flieht nicht und versteckt sich auch nicht irgendwo im Wald.

Das Leben, das unsere Familie bisher geführt hatte, machte es uns unmöglich, die Haltung der Taliban stillschweigend zu akzeptieren. Wir hatten die Worte von Martin Luther King Jr. gelesen, von Gandhi, Nelson Mandela und Bacha Khan* – Menschen, die in schweren Zeiten großen Mut bewiesen hatten. Wir glaubten an ihre Worte. Deshalb konnte ich nun keine Kompromisse eingehen. Malala ging es genauso. Sie ist eine geborene Aktivistin, und unsere Umstände gaben ihr eine Plattform. Man kann eine Malala, einen Martin Luther King oder eine Rosa Parks nicht »zu dem ma-

* Paschtunischer Freiheitskämpfer, der durch seinen gewaltlosen Protest Berühmtheit erlangte

chen, was sie sind«. Eltern können nichts anderes tun, als den Kindern durch ihr eigenes Handeln und ihre Werte ein Vorbild zu sein. Als Malalas Einfluss in Pakistan wuchs, erkannten Tor Pekai und ich, dass sie kein gewöhnliches Mädchen war, oder vielmehr: dass sie zwar ein gewöhnliches Mädchen war, aber über außergewöhnlichen Mut, eine außergewöhnliche Begabung und außergewöhnliche Klugheit verfügte. Ich sagte oft zu ihr: »*Jani*, mit deinen Worten erreichst du die Herzen der Menschen.«

Ende des Jahres 2011 gab es zwei Ereignisse, die bewiesen, wie groß Malalas Einfluss in Pakistan mittlerweile geworden war. Zum einen wurde sie von Erzbischof Desmond Tutu für den Internationalen Kinder-Friedenspreis nominiert. In der Begründung hieß es: »Malala hat es gewagt, für sich und andere Mädchen aufzustehen. Sie hat nationale wie internationale Medien genutzt, um die ganze Welt darauf aufmerksam zu machen, dass Mädchen ein Recht auf Schulbildung haben.« Der Preis ging letztlich an jemand anders, aber wir waren trotzdem ungeheuer stolz auf unsere Tochter. Zwei Jahre später, nach dem Attentat, würde sie den Preis doch noch bekommen. Zum anderen beschloss Pakistans Premierminister Yousef Raza Gilani Ende 2011, Malalas Mut durch den erstmalig vergebenen Nationalen Friedenspreis zu honorieren. Der Preis erhielt sogar ihren Namen und wurde später allgemein als Malala-Preis bekannt. Auf Malalas Bitten hin wies der Premierminister die Behörden an, im Swat Degree College einen Informatik-Campus für Frauen einzurichten.

Malala hatte bereits Überlegungen angestellt, ihre eigene Organisation zu gründen, die Mädchen aus armen Familien den Schulbesuch ermöglichen sollte. Schon damals, mit vierzehn, hatte sie Großes vor und war als Kinderrechtsaktivistin in ganz Pakistan bekannt.

Pakistan ist ein Land, in dem es viele Verschwörungstheorien gibt. Manche behaupteten, in Wirklichkeit sei ich die treibende Kraft hinter Malalas Engagement und sie lediglich mein Sprachrohr. Aber ich sehe das anders. Wenn ich Malala zu meinem verlängerten Arm, zu einem Teil meiner Kampagne gemacht hätte, wäre sie letzten Endes klein geblieben. Sie wäre in ihrem Einfluss und ihrer Reichweite niemals über mich hinausgewachsen. Sie hätte mich nicht so komplett in den Schatten gestellt. Nein, sie besitzt eine einzigartige, unmittelbare Art zu kommunizieren. Das ist das Geheimnis ihres Erfolges.

Dieser Erfolg stellte für die Taliban eine Bedrohung dar. Irgendwann konnten sie Malala nicht länger als harmloses Kind abtun.

Im Januar 2012 teilte uns die Regierung der Provinz Sindh mit, dass man eine Oberschule für Mädchen nach Malala benennen wolle. Aus diesem Anlass wurden wir von *Geo TV* nach Karatschi eingeladen. Wir beschlossen, alle zusammen als Familie hinzufliegen. Nur Khushal fehlte, weil er zu jener Zeit noch auf dem Internat in Abbottabad war. Es war Malalas erster Flug.

Während unseres Aufenthalts in Karatschi suchte uns ein pakistanischer Journalist aus Alaska in unserem Hostel auf. Er war ein Unterstützer von Malalas Kampagne und berichtete mir von einer Morddrohung der Taliban gegen sie sowie eine weitere Frauenrechtsaktivistin. »Beide sind schlechte Menschen«, lautete die Begründung der Taliban. »Sie arbeiten für den Westen und stehen auf unserer Abschussliste.« Es sollten noch weitere Drohungen folgen.

Dies war der bis dahin schlimmste Tag meines Lebens. Mit Abstand. Zum ersten Mal spürte ich die eiskalte Angst, dass Malala wirklich in Gefahr sein könnte. An diesem Tag waren wir zum Mittagessen eingeladen, aber ich brachte keinen Bissen herunter. Ich war wie gelähmt vor Schock. Auf meinen eigenen Tod war ich vorbereitet gewesen, aber eine Drohung gegen das Leben meiner Tochter? Das war zu viel. Ich glaube, vor lauter Nervosität ging ich ungefähr siebenmal auf die Toilette. Meine wiederholte Abwesenheit bei Tisch blieb nicht unbemerkt, und ich musste mich bei unseren Gastgebern entschuldigen. Ich erzählte Malala von der Drohung, doch im Gegensatz zu mir blieb sie ganz ruhig.

Was sollte ich nur tun? Ich wusste es nicht. Sofort nach unserer Rückkehr nach Mingora ging ich zur Polizei. Dort zeigte man mir eine Akte über Malala, die belegte, wie sie infolge ihrer nationalen und internationalen Präsenz ins Fadenkreuz der Taliban geraten war. Man sagte mir, sie brauche Leibwächter, aber die Vorstellung gefiel mir nicht. Ich bezweifelte, dass ein Leibwächter sie wirklich schützen konnte. Andere Aktivisten im Swat-Tal waren trotz ihrer Leibwächter getötet worden. Außerdem machte ich mir Sorgen um die anderen Kinder an der Khushal-Schule.

Stattdessen rief ich Haider Ali Hamdard, einen befreundeten Arzt in Abbottabad, an und fragte ihn um Rat. Wir kamen auf ein berühmtes Mädcheninternat dort zu sprechen und beschlossen, dass es das Klügste wäre, Malala von der Khushal-Schule zu nehmen und sie nach Abbottabad zu schicken, wo es wesentlich friedlicher war. Ich konnte mir die Schulgebühren nicht leisten, aber wir hatten Glück, denn die Schule hatte nicht nur einen Platz für sie frei, sondern erklärte sich sogar bereit, Malala aufgrund ihrer Bekanntheit als Stipendiatin aufzunehmen. Der Wechsel sollte im Januar 2013, zum nächsten Schuljahresbeginn, erfolgen. Erneut ging ich zu den Sicherheitsbehörden und teilte ihnen mit, dass ich Malala nach Abbottabad schicken würde. Ich bekam zur Antwort: »Wenn Sie sich unauffällig verhalten, macht es keinen Unterschied, ob sie hier lebt oder in Abbottabad. Warum sollte sie von zu Hause weg?«

Fortan zog ich mich aus der Öffentlichkeit zurück, und die Menschen in Mingora wunderten sich: »Wieso ist er auf einmal so still geworden?« Außerdem schränkten wir Malalas Aktivitäten stark ein. So verbot ich ihr beispielsweise, den Posten als Friedensbotschafterin für die Regierung der Provinz Khyber Pakhtunkhwa anzunehmen.

2012 trat Malala zwar noch öffentlich auf, aber nicht mehr sehr oft. Immer wieder schärfte ich ihr ein: »Bitte, sprich nicht von den Taliban. Und wenn du sie unbedingt erwähnen musst, *Jani,* dann sag einfach ›Terroristen‹. Bitte.«

»Aba«, entgegnete sie dann, »sie nennen sich doch selbst Taliban. Warum soll ich sie dann nicht auch so nennen? Das ist ihr Name. Das ist ihre Identität.«

Hätte ich zu ihr gesagt: »Du lässt ab sofort alle öffentlichen Auftritte bleiben«, hätte sie mir vermutlich nicht gehorcht. Ich hätte mich weigern können, sie zu begleiten, aber das wäre mir wie ein Verrat an ihrem freien Willen und an den Werten unserer Familie vorgekommen. Sie war sehr entschlossen. Sie wusste schon damals um ihre Macht.

Überall um uns herum hatten die Menschen Angst vor den Taliban, und das völlig zu Recht. Im Angesicht dieser realen, berechtigten Ängste wirkte unser Mut geradezu surreal. Alle anderen waren vom Schlachtfeld geflohen, nur noch eine Handvoll Menschen war übrig geblieben. Das war ein Grund mehr für uns, weiterzumachen. Wir waren die letzte Chance. Es klingt vielleicht verrückt, aber es war einfach in unserer DNA.

Nichtsdestotrotz war das Jahr 2012 ein schlimmes Jahr für mich. Ich lebte in ständiger Furcht. Ich war kein Löwe auf dem Schlachtfeld mehr. Ich war fahrig und nervös, innerlich zerrissen – nicht aufgrund der Drohungen gegen mein eigenes Leben, sondern wegen Malala. Die Taliban machten längst nicht jede ihrer Drohungen wahr, das wusste ich. Wie oft hatten sie schon gedroht, und es war nichts passiert? Selbst wenn ich Menschen aus meinem Freundeskreis verloren hatte, dachte ein großer Teil von mir immer noch: »Aber einem Kind würden sie doch nichts zuleide tun! Niemals!« Trotzdem witterte ich hinter jeder Ecke Gefahr, viel mehr noch als 2009, als man mich jederzeit nachts hätte aus dem Haus zerren und enthaupten können.

Am 9. Oktober 2012 schlugen die Taliban schließlich zu. Über den genauen Hergang des Attentats ist in den vergangenen sechs Jahren oft berichtet worden. Auch ich habe hier versucht, jene Tage zu schildern, um nachvollziehbar zu machen, welche Auswirkungen der Anschlag und das Bangen um das Leben unserer Tochter nicht nur auf mich, sondern auf unsere ganze Familie hatte. Für Malala selbst ist das Attentat auf ihr Leben eine Art Mythos. Wenn sie darüber spricht, dann tut sie es, als wäre es bloß eine Geschichte. Ich weiß, das klingt seltsam, aber es liegt wohl daran, dass sie fast keine Erinnerung an den Anschlag und die darauffolgenden Tage hat. »Aba«, sagt sie, »wenn ich die Berichte höre, dass ein Mädchen namens Malala von den Taliban in den Kopf geschossen wurde, ist das für mich nur eine Geschichte. Ich bringe das gar nicht mit mir selbst in Verbindung. Ich bin doch immer noch dieselbe wie vorher.«

Das ist unser zweiter Segen. Unsere Tochter hat zwar körperliche Narben zurückbehalten, aber irgendwie ist es ihr gelungen, sich von den schlimmsten Aspekten des Erlebten zu befreien. Sie kann mit unversehrter Seele und ungebrochener Entschlossenheit auf die Tatsache herabblicken, dass sie um ein Haar ihr Leben verloren hätte. Und Malala hat recht: Sie ist dieselbe geblieben. Sie ist immer noch das ruhige, fleißige Mädchen, das sie früher war. Sie ist derselbe mutige Vogel wie in Mingora, engagiert und frei.

Die Frauen werden kommen, um euch Ehre zu machen

Malala sagt, bereits in Birmingham im Krankenhaus, noch ehe wir ihr nachgereist waren, habe sie gewusst, dass sie mit ihrer Kampagne weitermachen wolle. »Anfangs hatte ich keine Ahnung, was die Leute denken«, vertraute sie mir später an. »Wusste überhaupt jemand von dem Anschlag?« Dann brachte ihr eine der Krankenschwestern einen Karton mit Genesungswünschen. Sie kamen unter anderem aus Japan und Amerika, von Menschen zwischen sechs und zweiundneunzig Jahren. »Wow«, sagte Malala zu der Schwester. »So viele Menschen denken an mich!« Die Schwester machte ein verdutztes Gesicht. »Das hier ist nur *ein* Karton, Malala. Wir haben Tausende von Karten. Kartons über Kartons. Was du hier siehst, ist nur ein kleiner Teil.«

»Sobald mir klar wurde, dass ich in meinem Kampf nicht allein war, hat mir das Mut und Hoffnung für die Zukunft gegeben. Ich habe aus einem ganz bestimmten Grund überlebt«, erklärte Malala uns.

Fast wäre sie uns genommen worden. Die Kugel hatte haarscharf ihr Gehirn verfehlt. Aber sie hat überlebt. »Ich werde niemals zurückschauen«, verkündete sie.

Etwa um dieselbe Zeit führte ich verschiedene Gedächtnistests mit ihr durch. Zu diesem Zweck hatte ich sie gebeten, einige *Tapas*, jahrhundertealte paschtunische Verse, zu zitieren. Sie erwähnte einen Vers, an den sie sich erinnerte, den sie jedoch ein wenig abändern wolle.

Zuerst sagte sie ihn im Original auf: »*Wenn die Männer die Schlacht nicht gewinnen können, oh mein Land / Werden die Frauen kommen und euch Ehre machen.*«

»Aber, Aba«, sagte sie dann, »ich finde es so besser: *Ob die Män-*

ner die Schlacht nun gewinnen oder verlieren, oh mein Land / Die Frauen werden kommen, und die Frauen werden euch Ehre machen.«

Ich antwortete: »Ach, Malala, was sagst du da? Du bist wirklich unglaublich.«

Und schon wieder musste ich weinen, aber diesmal waren es nicht mehr nur Tränen des Kummers.

Menschen kategorisieren

Während Malala im Krankenhaus behandelt wurde, zunächst stationär, dann zur ergänzenden Therapie nur noch ambulant, brauchten Pekai und ich jemanden, der uns zum Queen Elizabeth Hospital fuhr und von dort auch wieder abholte. Eines Tages hatte unser Fahrer Shahid Hussain, der mittlerweile ein Freund geworden war, Neuigkeiten für uns. Er erzählte uns von einer Liste des *Time Magazine* mit den einhundert einflussreichsten Personen des Jahres 2013. Malala war auf dem Cover des Magazins und im Innenteil abgebildet. Sie belegte Platz fünfzehn. Präsident Barack Obama war auf Platz einundfünfzig. »Ich bin ja ein großer Fan von Malala«, teilte unser Freund uns mit. »Bitte, zeigt ihr doch den Artikel. Sie wird sich bestimmt riesig darüber freuen.« Er bot mir sein Handy an. Ich nahm es und zeigte Malala später im Krankenhaus die Liste. Ich war sehr stolz.

Sie nahm mir das Handy aus der Hand und betrachtete das Display. Dann ließ sie es sinken. »Na ja«, meinte sie. »Ich halte nichts davon, Menschen auf diese Art zu kategorisieren.«

Ich lerne jeden Tag von ihr.

Benazir Bhuttos Kopftuch

Für uns als Eltern zählte nach dem Oktober 2012 nur, dass Malala lebte. Wir waren so unendlich froh, dass Gott ihr ein zweites Leben geschenkt hatte und wir sie weiterhin bei uns haben durften.

In der Frage, was nun als Nächstes geschehen sollte, herrschte bei uns zu Hause Uneinigkeit. Malala war voller Energie und blickte mit neu erwachter Entschlossenheit in die Zukunft. Pekai jedoch stand große Ängste aus. Während unsere Tochter sich in ihrer neuen Schule eingewöhnte, begannen wir gemeinsam mit Christina Lamb die Arbeit an Malalas Autobiografie.

Ich stand der Frage, ob unsere Tochter mit ihrer Arbeit als Aktivistin fortfahren sollte, grundsätzlich neutral gegenüber, auch wenn ich mir mittlerweile kaum etwas anderes vorstellen kann. Trotzdem rief Pekai ihren ältesten Bruder in Pakistan an, um seinen Rat einzuholen – den Bruder, der mir früher Lehrer und Vorbild gewesen war.

»Sag mir dies«, bat er sie. »Beantworte mir eine einzige Frage. Hast du ihr das Leben gerettet, oder hat Allah ihr das Leben gerettet?« Pekai antwortete: »Gott hat ihr das Leben gerettet, nicht ich.« Woraufhin er sagte: »Wenn Gott sie gerettet hat, dann hat er das aus einem ganz bestimmten Grund getan. Du kannst sie nicht aufhalten. Verschwende nicht deine Zeit damit, dich zu sorgen. Sei einfach für sie da. Lass Gott sein Werk vollenden. Du kannst sie nicht beschützen. Misch dich nicht in Gottes Plan ein, sondern unterstütze ihn darin. Nimm ihn an.«

Das war ein kluger Ratschlag. Wir hatten das Gefühl, dass die Welt Malalas Stimme brauchte, weil sie frei war von Schuld, Hass und Eifersucht. Liebe ist die stärkste Kraft des Menschen. Frieden und Leidenschaft sind in der Lage, Gewalt zu überwinden. Malala greift niemanden an, sie ist nicht gewalttätig, sie ist nicht zornig. Und wenn sie doch einmal wütend wird, so ist sie dabei nicht grausam. Sie wählt klare, scharfe Worte, die ihr Ziel treffen, ohne zu verletzen. Das ist ein wunderschöner Ansatz, und er kann viel bewirken. Man fordert heraus, aber man verletzt nicht. Man klopft an die Tür, aber man wirft sie nicht mit Steinen ein. Man klopft einmal, und wenn keine Antwort kommt, klopft man weiter, notfalls wieder und wieder. Aber man zertrümmert die Tür nicht. Waffen mögen unmittelbare Überlegenheit und sofortige Veränderung mit sich bringen, aber diese Art von Veränderung ist nicht nachhaltig. Ein dauerhafter Wandel ist eine Frage der Gesinnung – eine Frage dessen, woran man glaubt und wofür man bereit ist einzustehen.

Malala begann ihr zweites Leben mit viel Kraft, Geduld und Liebe. Es ist stets ihr Ziel, die Menschen, die sich ihr in den Weg stellen, dazu zu bewegen, sich ihr anzuschließen und mitzugehen, weil es ein Weg des Friedens ist.

Eines Tages, das war noch vor dem Anschlag, fragte mich ein Brigadegeneral der Armee: »Können Sie mir erklären, was Malala getan hat, dass sie in Pakistan so beliebt ist? Warum sind alle immer voll des Lobes von ihr? Wie kommt es, dass sie ständig von Reportern und Kameras umgeben ist?«

Daraufhin erzählte ich ihm die Geschichte des Propheten Abraham (Heil sei über ihm). König Nimrod plante seinen Tod und wollte ihn bei lebendigem Leibe verbrennen. Er entzündete ein großes Feuer und warf Abraham hinein. Über dem Feuer flog ein Vogel, der nahm Wasser in seinen Schnabel und ließ einen kleinen Tropfen davon in die Flammen fallen. Natürlich richtete er damit nichts aus, doch er machte immer weiter, unermüdlich, einen Tropfen nach dem anderen. Kein einzelner Wassertropfen aus dem Schnabel eines kleinen Vogels kann jemals einen Brand löschen, dennoch kennt diesen Vogel bei uns jeder, weil er niemals aufgegeben hat.

Ich sagte dem Brigadegeneral, dass es nicht wichtig sei, ob eine Tat groß oder klein ist – wenn man ehrliche Absichten hat und diese Absichten mit der Geschichte im Einklang sind, dann erreicht man die Herzen der Menschen.

Ich möchte auch noch eine Geschichte von einem Mann aus meiner Familie erzählen, der dank Malala einen inneren Wandel durchgemacht hat. Einer meiner älteren Vettern war so entsetzt, als er sah, dass ich Malalas Namen im Familienstammbaum eingetragen hatte, dass er unwillkürlich eine Grimasse schnitt – ein unverhohlener Ausdruck von Missfallen darüber, dass man einem Mädchen so viel Anerkennung zollte. Doch als er später Zeuge wurde, wie aufrichtig und unermüdlich sich Malala engagierte, änderte er seine Haltung. Seine Töchter studieren inzwischen Medizin. Dieser Vetter, der dem weiblichen Geschlecht anfangs so verächtlich gegenüberstand, ist zu Malalas größtem Anhänger geworden, und die Bilder in den Medien, über die er einst den Kopf geschüttelt hat, teilt er jetzt voller Stolz mit anderen.

Neun Monate nach dem Attentat wurde Malala vom ehemaligen britischen Premierminister Gordon Brown dazu eingeladen, ihren sechzehnten Geburtstag mit einer Rede vor den Vereinten Nationen in New York zu feiern. Das war eine große Ehre, aber anfangs machten wir uns Sorgen. Es lastete ein großer Druck auf Malala, und sie hatte körperlich viel durchgemacht. Das Attentat lag noch nicht mal ein Jahr zurück. Wir dachten: »Steckt sie das weg? Die ganze Welt schaut auf sie, und alle haben riesengroße Erwartungen. Sie ist doch erst sechzehn – kann sie diesen Anforderungen überhaupt gerecht werden? Überfordert sie das nicht?« Aber dann sah ich, wie stark sie war, und mir wurde bewusst, dass ich ihr in der Sache keinen Rat geben konnte. »Zia«, dachte ich, »Gott weiß, dass diese schmalen Schultern die Last tragen können.«

Wir sprachen im Vorfeld nicht viel darüber. Malala schien vollkommen auf die Schule und auf ihre Hausaufgaben konzentriert zu sein. Aber New York rückte immer näher und näher, sodass ich mich irgendwann genötigt fühlte zu sagen: »*Jani,* es sind nur noch zehn Tage.« Sie blieb ganz ruhig und ließ sich nicht aus dem Gleichgewicht bringen. Mir an ihrer Stelle hätten vor lauter Nervosität die Haare zu Berge gestanden. Ich wäre vor Panik fast durchgedreht. Doch Malala kennt keine Panik. Sie ist die Gelassenheit in Person.

Eines Nachmittags nach der Schule kam sie mit einem Zettel zu mir, der über und über mit Bleistift beschrieben war. Sie hatte ihre Rede während einer Freistunde verfasst. Als ich sie las, fiel mein Blick auf die Zeilen: »Schwäche, Angst und Hoffnungslosigkeit sind gestorben. Stärke, Kraft und Mut wurden geboren. Ich bin dieselbe Malala.«

Ich rief: »Pekai! Pekai! Wir haben immer noch dieselbe Malala.« Unsere Tochter war widerstandsfähiger. Mächtiger. Entschlossener. Ihre Kraft war nicht kleiner geworden, sie wurde immer größer.

Ihre Rede enthielt auch folgende Sätze: »Ein Kind, eine Lehrkraft, ein Stift und ein Buch können die Welt verändern … Bildung ist die einzige Lösung. Bildung ist das Allerwichtigste.«

Pekai und ich fanden, dass wir gut daran täten, diese gewachsene Kraft, diese globale Mission als Geschenk Gottes anzunehmen, das wir zusammen mit dem zweiten Leben unserer Tochter erhalten hatten. Malalas Ansehen und ihre Verantwortung gegenüber Millionen von Mädchen auf der ganzen Welt sind jetzt ein Teil dieses zweiten Lebens, das wir alljährlich mit einer Geburtstagskarte feiern.

Die zahlreichen Geschenke, die Malala bekam, als es ihr schlecht ging, bedeuteten uns sehr viel, weil sie uns zeigten, dass die Welt in Gedanken bei ihr war. Ein Geschenk aber war unserer *Jani* besonders wertvoll. Benazir Bhutto war immer ihr großes Idol. Sie war eine starke Frau gewesen, die eine gute Ausbildung erhalten hatte und gleich zweimal Premierministerin unseres Landes geworden war – als erste Frau. Sie hatte ins Exil gehen müssen, und am Ende war sie für ihre Überzeugungen gestorben. Malala betrauerte den Verlust dieser klugen und tüchtigen Frau, die für das ermordet worden war, woran sie glaubte. Unter den Gaben, die ihr ins Krankenhaus geschickt wurden, befanden sich auch eine Karte und ein Päckchen mit Geschenken von Benazir Bhuttos Kindern. Das Päckchen enthielt unter anderem zwei Kopftücher von Benazir Bhutto. Malala hob die Tücher ans Gesicht und atmete tief ihren Geruch ein. Sie konnte kaum glauben, dass sie sie in Händen hielt. Sie war überglücklich.

Insofern war es nur folgerichtig, dass sie eins dieser Kopftücher trug, als sie ihre Rede vor den Vereinten Nationen hielt. Sie hatte sich für das weiße Tuch entschieden und es sich über ihr eigenes rosafarbenes Kopftuch um die Schultern gelegt. Als *Jani* mit Bhuttos Tuch um die Schultern das Podium betrat, kam mir unwillkürlich das Bild in den Sinn, wie sie früher als kleines Mädchen zu Hause vor dem Wasserhahn gestanden und ihr Schulkopftuch gewaschen hatte. Damals hätte ich nicht für möglich gehalten, dass sie jemals ein anderes Kopftuch mehr wertschätzen könnte als das ihrer Schuluniform. Doch aufgrund ihres Engagements für Bildung hat Malala jetzt ein neues kostbares Kopftuch, das sie genauso in Ehren hält wie ihr altes von damals.

Das Mädchen, das gekämpft hat

Am Abend bevor Malala ihre Rede vor den Vereinten Nationen hielt, gab Tina Brown, die in Großbritannien gebürtige Redakteurin und Kommentatorin, für uns in New York einen kleinen Empfang. Malala stand in der Ecke. Jemand reichte ihr ein Mikrofon, und sie begann zu sprechen. Es war eine relativ kleine Zusammenkunft, und ich glaube nicht, dass sie vorgehabt hatte, eine Ansprache zu halten – nicht am Vorabend ihrer großen Rede.

»Ich will nicht als das Mädchen bekannt sein, das angeschossen wurde«, sagte sie. »Ich will als das Mädchen bekannt sein, das gekämpft hat.«

Wieder einmal dachte ich: »Ach, Malala, was sagst du?« Mir kamen die Tränen. Sie hatte recht. Sie hatte so recht. Immer wieder hat sie in den Medien gehört und gelesen: »Das Mädchen, dem die Taliban in den Kopf geschossen haben. Das Mädchen, dem die Taliban in den Kopf geschossen haben ...« Sie hatte diese Beschreibung satt. Deshalb sagte sie nun: »Ich will nicht, dass Sie mich so sehen. Sehen Sie mich als das Mädchen, das gekämpft hat.«

Eine Überraschung im Chemieunterricht

Malalas Lieblingsfach war immer Physik, aber als sie erfuhr, dass sie den Friedensnobelpreis des Jahres 2014 gewonnen hatte, saß sie gerade im Chemieunterricht.

Seit ihrer Rede vor den Vereinten Nationen 2013 und der Veröffentlichung von *Ich bin Malala* war sie endgültig international bekannt. Als Gründer des Malala-Fonds reisten wir viel zusammen, so wie wir es auch schon in Pakistan getan hatten.

Bereits 2013 hatte es zahlreiche Spekulationen gegeben, dass sie den Nobelpreis gewinnen würde. Die Medien in Pakistan schienen nur darauf zu warten, dass ihr Name genannt wurde. Malala und ich waren zu der Zeit für unsere Kampagne in den USA unterwegs, und ich bekam viele Anrufe, in denen ich gefragt wurde: »Hat man Sie schon angerufen? Normalerweise rufen sie vorher an.«

Ein Jahr später, am 10. Oktober – am Tag nachdem sich das Attentat auf sie zum zweiten Mal gejährt hatte –, dachte Malala nicht einmal im Traum daran, dass ihr diese Ehre zuteilwerden könnte. Ein Kollege vom Malala-Fonds kam zu uns nach Hause, um mit mir die Zeremonie anzuschauen. »Bitte«, sagte Malala, ehe sie am Morgen in ihrer dunkelgrünen Schuluniform aus dem Haus ging, »die Chance, dass ich gewinne, liegt bei ungefähr 0,0000001 Prozent. Da wird sowieso nichts draus. Ich gehe jetzt zur Schule!«

Mein Kollege und ich machten es uns auf dem Sofa bequem. Ich war sehr aufgeregt, weil ich mich fragte, ob ich eine halbe Stunde vorher womöglich den Anruf bekommen würde. Mein Telefon blieb stumm.

»Na ja, schauen wir es uns trotzdem an«, meinte der Kollege. Wir stellten das iPad vor uns auf den Tisch. Auf dem Bildschirm ging eine Tür auf. Thorbjørn Jagland, Vorsitzender des norwegischen Nobelpreis-Komitees, kam in den Saal und betrat das Podium. Die Gewinner wurden verkündet. Kailash Satyarthi und Malala Yousafzai.

Ich sprang auf! Ich schnellte vom Sofa in die Höhe und umarmte meinen Kollegen. Tor Pekai kam zu uns. Es war ein unvergesslicher Augenblick. Eine solch große Ehre, und das in ihrem Alter. Ich war der Vater eines siebzehnjährigen Mädchens, das den Nobelpreis gewonnen hatte. Es war unfassbar. So etwas passiert sonst nicht einmal im Traum. Es überstieg alle Träume, die ich jemals gehabt hatte, als ich die Scheren unserer Gesellschaft zerbrochen hatte, damit ihr niemand die Flügel stutzte.

Als die Konrektorin von Malalas Schule an die Tür des Chemieraums klopfte und sagte, Malala solle bitte mit ihr zur Schulleitung kommen, dachte Malala instinktiv: »Oh nein, was ist passiert?« Es war die Schulleiterin, die ihr schließlich die frohe Nachricht überbrachte.

Später am selben Tag hielt Malala vor der versammelten Schülerinnenschaft der Edgbaston High School für Mädchen eine Rede. Es war das einzige Mal während ihrer Schullaufbahn in Birmingham, dass sie als Malala, die Aktivistin auftrat und nicht einfach nur eine Schülerin von vielen war. Die Lehrkräfte weinten. Die Schülerinnen weinten. Aber Malala vergoss keine Träne, weder auf dieser Versammlung noch später bei uns daheim.

Malala kam nicht direkt nach Hause, nachdem sie von dem Preis erfahren hatte. Das war so typisch für sie. Sie beendete erst noch den Unterricht. Zu Hause lagen wir uns in den Armen. Tor Pekai und ich weinten.

Als Vater hatte ich gemischte Gefühle. Malala war jetzt »das Mädchen, das den Nobelpreis gewonnen hat«.

Einige Monate später reiste ich nach Winnipeg, um dort zu sprechen, und traf bei der Gelegenheit den kleinen Sohn eines meiner Vettern. Ich ging vor ihm in die Hocke und fragte ihn: »Na? Kennst du Malala?«

»Sicher kenne ich die«, antwortete er. »Sie ist das Mädchen, das den Friedensnobelpreis bekommen hat.«

»Ja, das stimmt«, sagte ich. Das Kind muss sich gedacht haben: »Wer ist dieser komische Typ, und warum weint er über so eine Antwort?«

Für unsere Kampagne war es wirklich ein ungeheurer Glücksfall. Um es mit Malalas Worten zu sagen: »Anfangs bin ich noch zu Fuß gegangen, aber der Nobelpreis ist wie ein Fahrrad, er bringt mich schneller ans Ziel.«

Aus dem persönlichen Ruhm machte sie sich nichts. »Der Preis hilft der guten Sache, Aba«, sagte sie. »Jetzt können wir unser Anliegen in die ganze Welt tragen und noch mehr Aufmerksamkeit für unsere Kampagne erreichen.« Sie hatte recht. Der Preis hatte große Auswirkungen auf ihre Erfolge als Aktivistin und als Spendensammlerin für den Malala-Fonds. Immer mehr Menschen sprechen davon, wie wichtig es ist, dass alle Mädchen, insbesondere Kinder, die in Krisengebieten aufwachsen, eine Schulbildung erhalten.

Manchmal stelle ich mir vor, wie Malalas Leben ausgesehen hätte, wenn die Taliban nicht in unser Tal gekommen wären und wir in Pakistan hätten bleiben können. Ich glaube, sie wäre trotzdem ein großartiges Mädchen geworden und hätte eine wichtige Rolle im öffentlichen Leben gespielt – vielleicht nicht auf internationaler Ebene, aber definitiv in Pakistan. In Friedenszeiten blühte sie auf. In einem anderen Leben würde sie jetzt, mit ihren einundzwanzig Jahren, vielleicht an der Lahore University of Management Sciences studieren. In diesem anderen Leben hätte man ihr keinen Friedensnobelpreis verliehen. Wahrscheinlich hätte sie nicht mal die Hälfte der Auszeichnungen und Preise errungen, die unser Haus füllen. Aber sie wäre ebenso sehr unsere Malala.

Kastanien in Edgbaston

Seit mittlerweile sechs Jahren leben wir in Edgbaston, einem grünen Viertel von Birmingham, wo die Straßen gesäumt sind mit Bäumen, die Pekai und ich früher im Swat-Tal allenfalls hoch oben auf den Bergen zu Gesicht bekamen. Unten in der Ebene, wo wir aufwuchsen, spielten wir oft in den Obstgärten, dort hingen die Äste voll mit allen nur erdenklichen Früchten. Es gab Äpfel, Pfirsiche, Birnen, Orangen und auch Khakis, ein köstliches Obst, das in Japan weit verbreitet ist. Für uns war es das Normalste von der Welt, mitten zwischen all diesen Früchten zu leben. Andere Bäume wie Kastanien, Eichen oder Koniferen jedoch sahen wir nur auf unseren Wanderungen in die Berge, wie etwa bei dem Ausflug mit meiner Mutter zu dem Heiligen, der mein Stottern heilen sollte.

Von Anfang an staunte ich in Großbritannien über die mächtigen Kastanien und Eichen, an denen ich auf dem Weg zum Einkaufen vorbeikam. Beim Anblick ihrer Kronen hatte ich das Gefühl, wieder zu Hause zu sein. Für Pekai waren diese Bäume wie Freunde. Manchmal sprach sie auf Paschtu mit ihnen. »Ach, lieber Baum, du warst bei uns in Shangla und im Swat. Wer hat dich hierher zu uns gebracht?«

Im Herbst ist der Boden immer mit einem Meer aus glänzenden braunen Kastanien bedeckt, so wie in den Bergen in Shangla. Dort nennt man sie *jawaz*. In Pakistan fädeln die Kinder die Kastanien nicht auf Schnüre auf, so wie hier in Großbritannien, sondern benutzen sie als Murmeln. Ich weiß auch noch, wie meine Schwestern früher kleine Spielhäuschen bauten und so taten, als wäre eine glänzende Kastanie ein Schaf oder eine Kuh. Pekai wiederum erinnert sich, wie die Freundinnen ihrer Mutter aus den Kastanien eine Arznei gegen Knochen- oder Gelenkschmerzen herstellten.

In Edgbaston ist der Oktober die Hauptzeit für Kastanien, und es ist ein Anblick, der uns jedes Jahr aufs Neue erfreut.

Dieses Jahr fiel die Kastanienzeit mit Malalas Studienbeginn in Oxford zusammen. Ich wusste schon vorher, dass sie mir sehr fehlen würde, doch ich erlaubte mir nur ein einziges Mal zu weinen, am Abend, als wir uns verabschiedeten und ich ihr noch eine Tüte mit getrockneten Früchten in die Hand drückte, so wie ich es schon während ihrer Abschlussprüfungen immer getan hatte.

Ich habe begriffen, dass ich mich nicht an meine Kinder klammern darf. Sie werden langsam erwachsen, und ich muss sie loslassen. Je selbstständiger Malala wird, je mehr sie sich von uns abnabelt und zu einem erwachsenen Menschen heranreift, desto schöner wird meine Liebe zu ihr. Ich sehe zu, wie sie ihr Leben frei und nach ihren eigenen Entscheidungen gestaltet, und das ist alles, was ich jemals wollte. Das ist meine größte Belohnung.

Inzwischen ist Malala kaum noch bei uns in Edgbaston. Sie lebt fast die ganze Zeit in Oxford. Wir haben sie bislang vier- oder fünfmal besucht, und jedes Mal, wenn ich ihren Freunden und Freundinnen begegne, freue ich mich, dass meine Tochter von Menschen umgeben ist, die sie lieben. Für diese Menschen ist Malala keine Nobelpreisträgerin, sondern einfach eine Kommilitonin – eine junge Frau, die in internationalen Clubs, Debattierzirkeln und sogar im Kricketverein aktiv ist.

Der Wechsel an die Universität war für sie wesentlich leichter als der Einstieg damals an ihrer Schule in Edgbaston, allein schon deshalb, weil für ihre Kommilitoninnen in der Lady Margaret Hall auch alles neu war und sie nur eine Studentin unter vielen war. *Jani* fühlte sich auf Anhieb wohl, bis auf ein kleines Problem: Sie hatte Spinnen in ihrem Zimmer. »Aba, ich mag die nicht«, beklagte sie sich am Telefon. Atal hat eine regelrechte Spinnenphobie. Malalas Angst ist längst nicht so stark ausgeprägt wie seine, trotzdem fürchtete sie sich in der Nähe von Spinnen. Ich wollte ihr helfen, und als ich der örtlichen Apothekerin mein Problem schilderte, sagte sie zu mir: »Ich würde Ihnen raten, ihr ein paar frische Kastanien zu schicken, die kann sie in die Zimmerecken legen. Spinnen mögen keine Kastanien.«

Die *jawaz* aus Edgbaston! Noch am selben Nachmittag zog ich meinen langen Mantel an und ging den Bürgersteig entlang, der mir einst so fremd vorgekommen war. Überall zu meinen Füßen lagen die Kastanien, und ich steckte mir so viele in die Taschen, bis sie fast herausquollen. Am nächsten Tag ging ich zur Post, füllte einen Umschlag mit den Kastanien und legte einen Brief dazu, in dem ich Malala erklärte, sie solle sie in den Ecken ihres Zimmers auslegen. Als Malala das nächste Mal anrief, sagte sie: »Aba, ich glaube, die Spinnen sind weg!«

Ein bewährter Rat

Wenn ich einen Rat brauche, rufe ich gerne meine Tochter an. Soll ich eine bestimmte politische Idee twittern oder nicht? Was kann ich tun, wenn ich Schwierigkeiten habe, einen Gedanken in Worte zu fassen? Wie bringe ich mein iPhone dazu, dies oder jenes zu machen? Sie hilft mir immer. »Aba, mach es so«, sagt sie zu mir, oder: »Aba, tu das.« Sie hat mich seit jeher gut beraten. Als Siebenjährige sagte sie einmal zu mir, als ich sie um ihre Einschätzung über die Fortschritte der Khushal-Schule bat: »Aba, ich würde sagen, sie krabbelt ungefähr so schnell vorwärts wie eine Ameise.«

Jetzt meint sie oft zu mir, wenn ich wieder einmal etwas nicht verstehe: »Aba, du kannst das lernen, du musst nur an dich glauben. Du denkst vielleicht, du schaffst es nicht, aber wenn du dich ein bisschen länger damit beschäftigst, lernst du es ganz schnell, glaub mir. Denk nicht immer gleich, dass du etwas nicht kannst.«

Inzwischen ist Malala häufig ohne mich unterwegs. Stattdessen wird sie von Mitarbeitern des Malala-Fonds begleitet. Wir sind im Rahmen unserer Kampagne für Mädchenbildung zusammen um die ganze Welt gereist, aber jetzt braucht sie mich nicht mehr an ihrer Seite. Sie meinte, man würde nicht eines Morgens plötzlich aufwachen und denken: »Ich will das nicht mehr«, oder: »Jetzt bin ich so weit …« Vielmehr sei es ein gradueller Prozess, in dem man sich langsam zu etwas Neuem hintaste. Das nennt man wohl Erwachsenwerden.

Wenn ein kleiner Vogel aus dem Ei schlüpft, kann er zunächst nicht fliegen. Er verfügt zwar über den Instinkt, aber noch nicht über die nötige Übung. Also beobachtet er die Vogelmutter, die oft das Nest verlässt, um Futter zu besorgen, das sie ihm dann in den Schnabel stopft. Mit der Zeit wird das Vögelchen mutiger, und wenn die Eltern das bemerken, entfernen sie sich beim Füttern ein Stück weiter vom Nest, um das Junge zu ermutigen, vom Nest auf den Ast zu hüpfen und sich das Futter zu holen. Anfangs stürzt es noch oft ab, wenn es versucht, seine Flügelchen auszubreiten, doch die Vogelmutter gerät nicht in Panik. Unermüdlich fliegt sie hin und her, und irgendwann lernt der Jungvogel, sie nachzuahmen. Zunächst fällt es ihm noch schwer; die Bewegungen sind ungewohnt, und er muss erst die Muskeln in seinen Flügeln trainieren. Die ganze Zeit sieht die Mutter zu und unterstützt den Kleinen, indem sie selbst mit den Flügeln schlägt und auffliegt. Und dann, eines Tages, hat das Junge endlich genügend Kraft, um sich vom Ast zu erheben und von seinen Schwingen hoch in die Luft tragen zu lassen. Das ist der Moment, in dem es merkt, dass es die Mutter nicht mehr braucht, um ihm Futter zu bringen oder

Schutz zu bieten. Das ist der Moment, in dem ihm klar wird, dass es fliegen kann, wohin es will. Die Vogelmutter bremst diesen Prozess niemals. Sie wäre eine schlechte Mutter, wenn sie es täte.

Als Malala sechzehn war, wollte sie noch nicht allein zu den Vereinten Nationen nach New York fliegen. Und als sie achtzehn wurde, wollte sie auch nicht ohne mich zu den syrischen Flüchtlingslagern reisen. Aber inzwischen ist sie einundzwanzig. Im Februar, als sie bereits in Oxford studierte, unternahm sie eine zehntägige Reise zum World Economic Forum in Davos und in den Libanon, wo sie gemeinsam mit Tim Cook, dem CEO von Apple, eine Pressekonferenz abhielt. Größtenteils überlassen wir es ihr, die Termine für den Malala-Fonds zu organisieren, auch wenn sie deutlich mehr Verpflichtungen hat als eine durchschnittliche Einundzwanzigjährige. Nur wenn wir den Verdacht haben, dass sie sich übernimmt, schalten wir uns ein und schlagen ihr vor: »Jetzt erst mal eine Zeit lang keine Termine mehr. Sei jung, genieß das Leben.«

Ich bin stolz, dass es Menschen wie sie auf der Welt gibt, die ihr Tun ganz in den Dienst anderer stellen. Ich bin stolz auf diese junge Frau namens Malala, die versucht, der Welt zu zeigen, dass es bei der Liebe zunächst um die anderen geht, nicht um einen selbst. Ich bin stolz, dass diese junge Frau namens Malala gelernt hat, sich selbst zu lieben und zu achten, und sich trotzdem als Teil eines größeren Zusammenhangs betrachtet – als Teil einer Welt, in der jedem Mädchen zwölf Jahre guter Schulbildung zustehen sollten. Und ich bin auch stolz, dass diese junge Frau namens Malala so fleißig in Oxford studiert, dass sie auf Partys geht, shoppen geht und mit dem Aktivitätstracker ihre Schritte zählt.

Und erst nachdem ich all das gedacht habe, gestatte ich mir, stolz darauf zu sein, dass diese junge Frau namens Malala einmal das Baby war, das in unserer gebrauchten Wiege lag. Ich bin so stolz, dass Malala meine Tochter ist.

EPILOG

Heimreise

Über Jahre hinweg träumte ich nachts immer wieder von meiner Rückkehr nach Pakistan, nur um dann morgens beim Aufwachen festzustellen, dass ich mich Tausende Meilen weit weg von zu Hause befand. Lange trugen Tor Pekai, Malala und ich uns mit dem Wunsch herum, unsere Heimat wiederzusehen, allerdings drehte sich für meine Frau und mich seit dem Attentat auf Malala alles um ihre Sicherheit und darum, ihr Leben zu schützen.

Es war Malala selbst, die es irgendwann nicht mehr aushielt. »Ich habe mein Zuhause verlassen, ich habe mein Land verlassen, und nicht aus freien Stücken«, sagte sie. »Ich bin am Morgen zur Schule gegangen und danach nie mehr nach Hause gekommen. Ich wurde im künstlichen Koma in ein anderes Land geflogen.«

Ich freue mich sehr für Malala, wenn sie ohne uns um die Welt reist, aber die Vorstellung einer Rückkehr nach Pakistan beunruhigte mich.

»Bitte, *Jani,* lass uns noch ein Jahr warten.« Auch Tor Pekai war anfangs zögerlich, und Khushal machte der Vorschlag richtiggehend Angst. Wochenlang hatte er entweder schreckliche Albträume, oder er schlief überhaupt nicht. Ich hörte ihn dann, wie er nachts nervös und verängstigt durchs Haus schlich.

Aber Malala war nicht von ihrem Entschluss abzubringen. »Wenn wir nicht zusammen nach Pakistan fliegen«, sagte sie zu uns, »dann fliege ich eben allein. Aber fliegen muss ich.«

Also sagte ich: »Wir kommen mit.«

Ich kann nicht in Worte fassen, wie ich mich fühlte, als unser Flugzeug in Islamabad landete und wir pakistanischen Boden betraten. Ich glaube, nicht einmal Dichter haben eine Sprache dafür erfunden. Worte könnten einer solchen Gefühlsintensität niemals gerecht werden. Aber wenn Worte versagen, drücken Lächeln und Tränen alles aus, was man im Innern empfindet.

Malala weint nicht oft. Seit dem Attentat habe ich sie insgesamt nur dreimal weinen sehen. Das erste Mal weinte sie, als wir nach zehntägiger Trennung endlich in Großbritannien ankamen und sie uns an ihrem Krankenbett stehen sah. Das zweite Mal war an ihrem achtzehnten Geburtstag beim Anblick der Flüchtlinge, die die Grenze zwischen Syrien und Jordanien überquerten. Das dritte Mal weinte sie, als sie einer Mutter zuhörte, die erzählte, dass ihr Sohn bei dem Angriff der Taliban auf die Army Public School in Peschawar schwer verletzt worden war. Doch während ihres ersten öffentlichen Auftritts in Pakistan vor dreihundert Menschen hörten ihre Tränen gar nicht mehr auf zu fließen. Der Saal weinte mit ihr. Die ganze Welt sah Malalas Tränen, und es waren Tränen der Freude.

»Das ist der schönste Tag meines Lebens«, stellte sie fest.

Als Malala nach dem Attentat mit dem Tode rang, wurde sie per Hubschrauber von einem Helikopterlandeplatz in Mingora in eine andere Klinik geflogen. Als der Hubschrauber uns über das Tal in Richtung Peschawar trug, saß ich neben ihr, während sie auf ihrer Trage lag und Blut spuckte. Pekai stand unten und hielt ihren Schleier in den ausgestreckten Armen hoch über ihrem Kopf – ein Appell an Gott, ihre Tochter wohlbehalten zurückzubringen. Damals hatte ich keinen Blick für die Welt außerhalb des Hubschraubers, ich sah weder Luft noch Land, sondern nur Malala. Ich starrte sie an und versuchte zu erkennen, wie ihr Körper auf die Verletzungen reagierte, wie er ums Überleben kämpfte.

Diesmal saßen wir zu fünft im Hubschrauber, alle gesund und wohlbehalten, während wir über dieselben Berge zu demselben Helikopterlandeplatz in Mingora flogen, von dem Malala damals ihre ungewisse Reise in ein weit entferntes Land begonnen hatte.

Wir waren zusammen und in Sicherheit. Es fühlte sich an wie ein Triumph. Wir blickten nach unten auf die Felder und Berge und Seen und Dämme und auf die vertraute Landschaft unseres wunderschönen Swat-Tals, des Ortes, der uns alle geformt hatte. Es war wie ein Geschenk Gottes an unsere Familie.

Nachdem wir auf demselben Hubschrauberlandeplatz ausgestiegen waren, auf dem ich einst um das Leben meines Kindes gebangt hatte, standen wir fünf dicht gedrängt beieinander und hielten uns fest in den Armen. Tor Pekai und ich konnten nicht aufhören zu weinen. Der Landeplatz liegt nur wenige Minuten von unserem alten Haus entfernt. Für Malala waren Sicherheitsvorkehrungen wie bei einem Staatsbesuch getroffen worden, alles war voller Soldaten. Wir fuhren zu unserem Haus. Beim Anblick der weißen Wände und des eingezäunten Hofs sank ich auf die Knie und legte die Hände auf die Erde. Ich musste den Boden berühren, musste ihn mit eigenen Händen spüren. Dann küsste ich den Boden. Ich küsste ihn, wie man seine geliebte Mutter nach langer Zeit des Getrenntseins küsst. Man will dieses Kostbare einfach nur ganz, ganz fest an sein Herz drücken.

Malala und die Jungen stürzten als Erstes in ihre alten Zimmer. Malala sah noch ihre Bilder an den Wänden hängen und die zahlreichen Preise, die sie während der Schulzeit errungen hatte – Zeugnisse der Bildung, für die sie so unermüdlich gekämpft hatte.

Danach brachte uns der Helikopter zur Swat-Kadettenschule unten am Fuß der Berge. Dort war für Malala ein roter Teppich ausgerollt worden, und über den schritt sie ins Gebäude, wo man ein Mittagessen für uns vorbereitet hatte. Auf dem Weg zurück zum Hubschrauber sahen wir Soldaten, die in einer Reihe neben ihren Fahrzeugen standen. Als wir sie passierten, winkte Malala ihnen zu, und die Soldaten nahmen als Zeichen des Respekts die Mützen ab, um ihr zu salutieren. Es war ein wunderschöner Moment und einer der Höhepunkte unserer Reise.

Malalas bloße Anwesenheit in Pakistan bedeutet eine Veränderung für unser Land. Sie ist ein Symbol des Wandels. Sie muss nicht einmal sprechen. Sie wirkt allein durch ihre Gegenwart, denn sie ist die Verkörperung von Frieden und Bildung.

Zweimal luden wir unsere Familien und Freunde aus Shangla und dem Swat-Tal zum Mittagessen ein. Die allermeisten hatten wir seit unserer überstürzten Abreise im Jahr 2012 nicht mehr gesehen. Am ersten Tag rechneten wir mit hundert Gästen aus Shangla, aber tatsächlich kamen – trotz der achtstündigen Fahrt – mehr als dreihundert in das Hotel, um Malala zu treffen und uns wiederzusehen. Auch meine zweite Mutter war gekommen. Als sie in ihrem Rollstuhl in den Saal geschoben wurde, spürte ich eine Woge der Liebe in mir aufsteigen, und auf einmal wollte ich ihr zum Zeichen meiner tiefen Zuneigung unbedingt Blumen schenken. Doch ich hatte keine Blumen. Als ich mich umschaute, fiel mein Blick auf ein Blumenarrangement des Hotels. Es war weiß, und eigentlich wären mir bunte Blumen lieber gewesen, trotzdem nahm ich einige heraus, kniete mich neben meine Mutter, überreichte ihr die Blumen und sagte ihr, wie sehr ich sie liebte. Ich hatte das Gefühl, die Blumen gestohlen zu haben, aber das Hotel erwies sich in der Angelegenheit als überaus versöhnlich. Ich glaube, ich war in dem Moment von einer Art Wahnsinn befallen.

Am zweiten Tag erwarteten wir wieder etwa einhundert Gäste, und auch diesmal wurden es am Ende über dreihundert. Einige Familien waren mit drei Generationen vertreten, von Säuglingen bis hin zu alten, über neunzigjährigen Greisen. Es war eine unbeschreibliche Freude zu sehen, wie alle in einem Raum zusammensaßen und unsere Heimkehr feierten. Malala ging von Tisch zu Tisch und sorgte dafür, dass jeder einzelne Gast sich willkommen fühlte.

Während Malalas Besuch bei Premierminister Shahid Khaqan Abbasi erhob sich dieser viermal von seinem Platz, als sie auf dem Weg zum Podium an ihm vorbeiging, um ihre Rede zu halten. »Malala«, sagte er, »Sie sind nicht länger eine gewöhnliche Einwohnerin Pakistans. Sie sind die berühmteste Pakistanerin der Welt.«

»Die schlimmen Tage sind vorbei«, dachte ich bei mir. »*Jani* ist wieder in ihrer Heimat, und die Menschen stehen hinter ihr. Sie wird weiterkämpfen, für jedes Mädchen in jedem Dorf, in jeder Stadt und in jedem Land – für die einhundertdreißig Millionen Mädchen, die nicht zur Schule gehen.«

Und eines Tages werden wir vielleicht endlich ganz nach Hause zurückkehren können.

DANKSAGUNG

von Ziauddin Yousafzai

Der große Urdu-Dichter Saleem Kausar schrieb folgende wunderschöne Zeilen: »There is my reflection in front of the mirror, but there are many behind it.« (»Ich sehe mein Bild im Spiegel, doch hinter dem Spiegel gibt es noch viele andere.«) Obwohl dieses Buch meinen Namen trägt, soll dieser Vers für all die Menschen, Familienmitglieder, Freundinnen und Freunde, stehen, die bei seiner Entstehung mitgeholfen haben. Für mich war das Schreiben eine Reise, und ich kann mich glücklich schätzen, in Louise Carpenter meine Co-Autorin gefunden zu haben. Deshalb gilt mein erster und größter Dank ihr. Ein Weg voller intellektueller Herausforderungen und emotionaler Momente liegt hinter uns. Mit Louise als aufmerksamer Zuhörerin und wunderbarer Autorin war dieser Weg eine zutiefst bereichernde Erfahrung. Sie hat mit mir gelacht, geweint und geschmunzelt, während ich ihr meine Erlebnisse erzählte. Sie hat mit viel Herzblut meine Geschichte auf die bestmögliche Weise in Worte gekleidet. Ich danke dir, Louise, dass du zusammen mit mir dieses Buch verwirklicht hast.

Ich mag der Erzähler dieses Buches sein, doch ohne meine bessere Hälfte, meine treue Freundin und Gefährtin, meine Frau Tor Pekai, hätte ich es niemals vollenden können. Während meiner Gespräche mit Louise kam es immer wieder vor, dass ich mich an gewisse Dinge nicht mehr klar erinnern konnte. Ich rief dann: »TOR PEKAI!«, und sie kam angelaufen. Sie hat ein Elefantengedächtnis und wusste noch sämtliche Details zu den Geschichten, die ich erzählen wollte. Danke, Tor Pekai, dass du so großzügig und mit so viel Leidenschaft zu diesem Buch beigesteuert hast und dass du immer für mich da bist, wenn ich dich brauche.

Die Welt kennt mich zu Recht als Malalas stolzen Vater. Aber darüber hinaus habe ich auch das Glück, der Vater zweier großartiger Söhne zu sein, Khushal Khan und Atal Khan. Beide sind auf ihre Weise einzigartig und etwas ganz Besonderes. Dieses Buch ist auch ein Buch über Väter und Söhne. Danke, Khushal und Atal, für eure zutiefst ehrlichen Beiträge.

Malala hat mich schon lange gedrängt, ein Buch zu schreiben. Ihr eigenes Buch enthält bereits viele Geschichten über unsere Familie, und sie wollte, dass ich meine ganz besondere Sicht der Dinge schildere. Sie hat mir geholfen, die Idee dieses Buches herauszuarbeiten, und obwohl sie mit ihrem Studium in Oxford sehr beschäftigt ist, hat sie ihren Teil der Geschichte beigesteuert und das Vorwort geschrieben. Danke, meine liebe *Jani*, dass du meine Kraftquelle bist und von Kindheit an bis heute jeden Tag an meiner Seite gestanden hast!

Abgesehen von meiner Familie möchte ich auch Darnell Strom und Jamie Joseph danken, die mich immer wieder bereitwillig motiviert haben. Adam Grant, Co-Autor von *Option B*, hat mich mit seinen aufbauenden Worten sehr inspiriert. Danke, Adam, für den Zuspruch. Auch Simon Sinek, mein Freund und Mentor meines Sohnes Khushal, verdient meinen Dank. Er hat nur einen einzigen Termin gebraucht, um meinem Hadern bezüglich eines passenden Titels ein Ende zu setzen. Er schlug *Lasst sie fliegen* vor – ein Titel, der mich und alle Beteiligten sehr berührte. Danke, Simon, für deine Weisheit und deine Vision.

Unsere Familie hat das unschätzbare Glück, seit dem Umzug nach Großbritannien zahlreiche beeindruckende Menschen kennengelernt zu haben. Einer davon ist Karolina Sutton, eine wunderbare Frau, deren professionelle Ehrlichkeit mir immer imponiert hat. Sie ist eine gute Freundin unserer Familie, der wir sehr vertrauen. Danke, Karolina, dass du uns in unserer literarischen Arbeit unterstützt.

Außerdem bedanke ich mich von Herzen bei Judy Clain von Little, Brown für ihr persönliches Interesse an dem Buch, ihr unermüdliches Engagement sowie ihre Strenge in Bezug auf meine Abgabetermine. Sie hat alle Eigenschaften, die eine hervorragende Lektorin ausmachen. Danke, Judy, und Respekt.

Außerdem bin ich Maria Quanita ungemein dankbar, die als Freundin und Koordinatorin dieses Projekt auf vielfältige Weise unterstützt hat, ob es nun um das Management meines Terminkalenders oder um intellektuelle Diskurse ging. Eason Jordan, ein guter Freund, war sofort zur Stelle, als ich Familienfotos brauchte. Eason, ich danke dir. Wie ich schon oft gesagt habe: »Wo ein Eason ist, da ist auch ein Weg.«

Dank geht auch an Qasim Swatiand und Tom Payne für die poetische Übertragung meiner Gedichte ins Englische; durch sie wird das Buch noch wertvoller. Und zu guter Letzt: Dank an Usman Alo, der für mich wie ein Adoptivbruder ist und unsere Familie über die Jahre hinweg oft mit Rat und Tat zur Seite gestanden hat.

Ich hoffe, die Lektüre dieses Buchs ist eine schöne und bereichernde Erfahrung für alle Leserinnen und Leser und bringt die Liebe, Wärme und Zuneigung zum Ausdruck, die wir, meine Freunde und Familienmitglieder, einander entgegenbringen.

In Dankbarkeit
Ziauddin Yousafzai

DANKSAGUNG

von Louise Carpenter

Es gibt viele Menschen, die mich mit ihren Ratschlägen und ihrer Gastfreundschaft unterstützt haben: Maryam Khalique, Hai Kakar, Dr. Fiona Reynolds und ihr Ehemann, Adrian Bullock sowie Tor Pekais Freundin und Lehrerin Janet Culley-Tucker. Außerdem bin ich den Yousafzais in Pakistan zu Dank verpflichtet, die mir in vielfältiger Weise geholfen und mir erlaubt haben, ihre Geschichten aufzuschreiben. Usman Bin Jan hat köstliches Essen beigesteuert. Ich liebe englischen Tee, aber *doodt pati* ist einfach das Beste. Samina Nawaz hat mir so viel Freude bereitet.

Ich möchte mich gerne bei der Familie Yousafzai bedanken: bei Tor Pekai dafür, dass sie meine langen Tage mit Ziauddin toleriert und mir ihre Geschichte anvertraut hat, die auch für sich genommen enorm wichtig ist; bei Khushal und Atal, die einerseits ehrlich über schwierige Zeiten in ihrem Leben gesprochen und mich andererseits oft zum Lachen gebracht haben; und bei Malala, weil sie trotz ihres hohen Arbeitspensums Zeit gefunden hat, sich mit mir zu unterhalten. Dank geht auch an meine Agentin Karolina Sutton, die uns auf Spur hielt; an Judy Clain, die mich mit einer Mischung aus Klarheit und Vertrauen geführt hat; an Betsy Uhrig, eine überaus achtsame und gewissenhafte Lektorin; und an Jamie Joseph, meinen britischen Lektor, für seine tatkräftige Unterstützung. Ohne Sophie Swietochowski, die stundenlange Gespräche transkribiert hat, hätte ich niemals meine Deadline einhalten können.

Das literarische Urteilsvermögen und die Liebe meines Ehemannes Tom Payne sind für mich von unschätzbarem Wert, und meine lieben Kinder waren durchweg sehr geduldig und interessiert.

Vor allem möchte ich mich bei Ziauddin bedanken. Es war ein hartes Stück Arbeit, aber zugleich auch ein großer Spaß. Anders kann man es nicht beschreiben. Wir haben gelacht, und sehr oft haben wir auch geweint. Ich fühle mich geehrt, dass ich dabei helfen durfte, die Geschichte seines Mutes und seiner Güte zu erzählen. Ich habe das Gefühl, dabei einen Freund fürs Leben gewonnen zu haben.

Louise Carpenter